IT IS FUN RIDING AROUND THE SUN

POEMS OF A GREEK IMMIGRANT

THEODORE TOLIOS

It Is Fun Riding Around The Sun
Poems of a Greek Immigrant

Published by Theodore Tolios
Haverhill, Massachusetts

Special thanks to:

my nephew, Thanasis Xystras
for typing Greek verses

Denise Brown, Ad-cetera Graphics
for layout and design of book

Dedicated to

my love and treasure Erato

my children

Constantia (Aristotle Papanikolaou) and Noula (Lance Thibault)

and my grandchildren

Byron Theodore, Alexander Panagiotis, Lydia Rose, Charles Matthew

Preface

My mother used to walk to a nearby village weekly to get supplies for our home. When she was gone, my grandfather used to watch me, my older brother (Christos), and my older sister (Eftychia). One day, when I was four years old, I left my village of Agios Cosmas in the northwest of Greece to follow her on her weekly errand run, without my grandfather realizing I was gone. When I reached the neighboring village, my mother had already left. I walked all day, passing three villages, but eventually made it back home to find my mother and my grandfather crying. Eighty-one years later, my mother's tears of joy and anger remain indelibly imprinted on my memory.

In 1941, Greece was experiencing a famine. My mother served us zucchini and potatoes. I didn't like zucchini, so I started to complain. My mother started to cry and said, "I don't have anything else to give to you." And I said to myself that I would never say no to whatever food is offered to me ever again. I eat to live, I don't live to eat.

In 1945, when I was ten years old, Greeks celebrated the end of World War II only to be immediately submerged in a Civil War that would affect mostly the northern part of Greece. A military conflict ensued in my small village between the nationalists and the communists, and we ran to the fields to avoid the violence. While in the fields, my mother sent me home for much needed supplies, and while walking to my village, a communist soldier ordered me to escort another wounded communist soldier to the neighboring village. I was terrified, because the communist soldiers used to take young boys by force and compel them to fight.

Luckily someone saw me and notified my mother. She quickly came to my rescue and fought for my release. We ran into the fields and hid there all night. That day my cousin was not as lucky, as he was taken and never returned to Greece. He was sent to Poland, where he lived for the rest of his life.

During the Civil War, the national government forced villagers to move into the larger towns in an effort to expose the rebels and force them to come out of hiding. It was during that time that my family moved to the town of Trikala. While living in Trikala, I was able to attend high school and earn a diploma, which was not easily afforded to Greeks who lived in villages.

While in high school I wrote my first poem. My teacher was very impressed and said that I had talent, but I didn't listen nor act on my writing talent because my heart and mind were set on coming to America.

On November 5th, 1956, I arrived in the United States, one day before the presidential election between Dwight Eisenhower and Adelaide Stevenson. I remember clearly asking my uncle what "I like Ike" meant, as I saw the campaign signs all throughout my trip from New York to Boston.

I settled in Haverhill, Massachusetts, where I worked in the shoe factories. Haverhill was known at one time as the shoe capital of the world. I worked doubled shifts, from 7am to 11pm.

In 1958, I was drafted for military service. My basic training took place at Fort Dix, New Jersey. After I finished three months of basic training, I was sent home with an honorable discharge for not speaking the language fluently.

When I returned to Haverhill, I saw that there was no future for me in the shoe factories, so I went to school for hairdressing with goals of learning a vocation and becoming self-employed.

In 1963, I met my wife, Erato Kafteranis, and we were soon married. In 1964, I opened a hair salon with my cousin, Thanasis Pardales. Years later, my wife also went to hairdressing school, and the two of us worked together side-by-side for 56 years. We raised our two daughters.

Over the years, I eventually listened to my high school teacher and started writing a variety of poems mainly to celebrate events, to commemorate special occasions, sometimes to make jokes, and always to have good-natured fun with friends and family. A few poems are political, some serious and some satirical.

These poems and essays reflect my life story—the hardships of war, famine, migration, and the joys of family, friends, and community. After years of writing poems, it is an honor to see this collection of writings come together.

I want to thank my nephew, Thanasis Xystras, who painstakingly and meticulously transcribed all of my Greek poems and without his efforts, the publication of this book would not have been possible.

In the end, this is simply a small book of memories that I can leave for my family—my children, my grandchildren, and my great grandchildren—and to anyone interested in the poetic expressions of a simple man who even when he left the village somehow found his way home.

Theodore Tolios
September 2020

Contents

ENGLISH VERSES

Time wrinkles the skin and whitens the hair
Envy wrinkles the soul and blackens the heart.
Only clear conscience and pure love ages you
Gracefully and you die
Peacefully
And your attitude shows
Your altitude.
Accept, forgive, forget, proceed.
Ted Tolios Cosmetologist R.R.R.

Ο χρόνος τσαλακώνει το δέρμα
και ασπρίζει τα μαλλιά.
Ο φθόνος τσαλακώνει την ψυχή
και μαυρίζει την καρδιά.
Μόνο αγνή αγάπη και καθαρή
συνείδησις γηράσκει τον άνθρωπο
με χάρη και πεθαίνει ήρεμος.
Η στάσις σου δεικνύει το ύψος σου.
Παραδέξου, συγχώρα, ξέχασέ το, προχώρα.
Θεόδωρος Τόλιος
Κομμωτής

The Greek Dilemma:
United the Wrong Way

The former Prime Minister from Greece, Constantine Karamanles, died and went to Heaven. When he got there he asked St. Peter, "Before I settle down, I would like to take a tour of Hell first." St. Peter called Lucifer, the chief of Hell, and arranged a meeting.

When Karamanles got to Hell he noticed a container with two thousand Cecilians boiling in brimstone and tar, and there were five thousand devils guarding them. He asked Lucifer, "What is going on and how come there were so many thousands of guards" Lucifer said, "These gangsters —they kill, they step on each other, they are selfish, they have no conscience, they will do anything to escape. We need the guards."

Further down there was another container with two thousand Jews and there were twelve thousand devils guarding them. Karamanles asked why there were so many thousands of devils guarding this group — who were they? Lucifer said, "These are Jews. They are so compassionate to each other, they are helpful to each other, they are so cooperative they would become stepping stones to each other to escape. And if one of them escapes, the others rejoice and celebrate. They are so united they won envy from the world. We need all twelve thousand guards — and even that is not enough."

Further down was another container with two thousand Greeks boiling and not one Devil guarding. Karamanles asked, "Who is in here?" Lucifer said they are Greeks. "No guards for the Greeks?" asked Karamanles. Lucifer said, "No." "Why not?" asked Karamanles. "Are the Greeks behaving? Do they know the rules?" "No, it is not that," Lucifer said. "The Greeks guard themselves. If one of them tries to escape, the others pull him back in..."

I think this rubbed off from the Ancient Greeks. In 334 B.C., Alexander the Great invited all the Greek states to join him in the expedition against the Persians in Asia Minor. All the Greek states joined him except Sparta. The Spartans sent a messenger to Alexander saying, "Alexander, son of Philippe, we are not going to join you because we, the Spartans, are used to being leaders, not followers."

* * *

On the day of Judgement, the Lord will ask everybody what deed they did on Earth.
The Preacher will say, "I prayed for all."
The Lawyer will say, "I plead for all."
The Doctor will say, "I prescribed for all.
The Worker will say, "I paid for all."

Definition of Politics: Politics is comprised of two words: the Greek word "Poli," which means "a lot. (or plenty)," and the word for those annoying bugs ("tics"). Poli-tics (Many ticks).

Do you know what politicians and kangaroos have in common? They have deep pockets.

Merry Christmas and Happy New Year! *Ted Tolios*

The Seven Sages

In the sixth century B.C., there were several hundred philosophers in Greece. The Greeks picked seven of the most profound and prominent and called them Οι Επτά Σοφοί (The Seven Sages). They were: Thales of Militous, Solon of Athens, Bias of Prienef, Pitacos of Mytiline, Periandros of Corinth, Chilon of Sparta, and Cleovoulos of Rodos.

Thales was the prominent, and a little research answered my curiosity about him. He was born about 640 B.C., in Militous. He was from Phoenician parentage, and he studied geometry and astrology in Egypt, where he calculated the height of the pyramids by measuring the shadows, since a man's shadow equals his height. He started all of Greece by successfully predicting an eclipse of the sun on May 18, 583 B.C. Probably on the basis of Egyptian records and Babylonian calculation — the first time in the world.

He talks about the soul, which is air and holds us together. The air or pneuma of the world is a pervasive spirit, breath, or God, and it was immortal. Here was an idea that would survive all the storms of the Greek philosophers and find a home in Christianity.

In his old age, he received by common consent the title, "Sophos" or sage. Being asked about what is very difficult, his answer is now a famous aphorism: "Know Thyself." When asked what is easy, he responded, "To Give Advice." To the question, "What is God?" he replied, "That which has neither beginning nor end." To God all things are beautiful, good or right. Humans deem some things wrong and some right. As he soul is a passing tongue of the endlessly changing flame of life, so God is the everlasting fire. "God will judge and convict all things, destroy them and make way for new forms, in a last judgement or cosmic catastrophe.

He was asked how humans might live most virtuously and justly, and he answered, "If we never do ourselves what we blame on others." Asked who is free, the answer was, "The educated man. You can enslave your body but never your mind."

Solon the Sage was also an Athenian legislator. He was asked to legislate against bachelors, but he refused saying that, after all, "A wife is a heavy load to carry." About the laws, Solon said, no lasting justice can be established for humans, since the strong or the clever will twist to their advantage any laws that are made. The law is a spider's web that catches the little flies and lets the big bugs escape.

People liked to quote the remarks of sage Bias that "the most unfortunate of humans is he who has not learned how to bear misfortune." Wisdom should be cherished as a means of traveling from youth to old age. For it is more lasting than any other possession.

Greece respected wisdom as India respected holiness, as Renaissance Italy respected artistic genius, as young America naturally respects economic enterprise. The heroes of Greece were no saints or artists or millionaires, but sages, and the most honored sages were not theorists, but men who had made their wisdom function actively in the world. The tragedian, Sophocles, said "Blessed are the ones who die in infancy and more blessed are the ones that were not born because old age is an unbearable burden."

The English Lord, Sir Henry Main, said this about Greece: "Except the blind forces of nature, nothing moves in this world which is not ancient Greece in origin." What a tribute to my ancestors. I will admire and defend my ancestors to my last breath. Saint Paul said to the Hebrews, "God is a consuming fire."

Theodore Tolios

The Three Religions

Theodore Tolios

Judaism, Christianity, and Islam believe in the same God but they have their differences. I am not a theologian and I don't have the qualifications to judge or criticize them. I did a little bit of research and I found some common ground in the three religions and I was impressed. All three base their moral code on identical conceptions. The all-seeing eye and all-knowing hand of God, the divine authorship of the moral code and the ultimate equalization of virtue with happiness by post-mortem punishments and rewards. The three religions agree further on certain elements of morality, the sanctity of the family and the home. The honor due to the parents and the elderly, the loving care of the children and the charity to all.

Jew, Christian, and Muslim agree that the adequate continuance of the group is endangered when the religion commands to parentage loses its force. The three religions agreed in rejecting the practicability of natural non-religious morality. Most men, then believed can be persuaded to tolerate behavior only by fear of God.

Jesus Christ said "do unto others as you would like others to do unto you." Mohammed said, "Prayer brings you closer to God, fasting brings you to the door of God's place and almsgiving opened the door." The Jewish scholar, Ben Zoma, said, "Who is wise? He who learns from every man. Who is might? He who subdues his evil inclinations. Who is rich? He who rejoices in his Lot. Who is honored? He who honors his fellow men despises not any man nor anything. For there is no man that has not his hour and there is nothing that has not its place. All my days, I grew up among the sages and I have found nothing better for a person than silence."

Rabbi Eleazar used to say: "One whose wisdom exceeds his deeds may be compared to a tree, whereof the branches are any and the roots few — so that when the winds come, it is uprooted and turned upon its face. But one whose deeds exceed his wisdom may be compared to a tree where of the branches are a few and the roots many, so that if all the winds of the worlds blow upon it they move it not from its place."

Rabbi Alkibe said, "A man who has a bad wife will never see the face of hell. On the other hand, no man is so rich as one who has a wife noted for her good deeds. Everything derives fro m the woman. All the blessings of a household come through the wife, therefore should the husband honor her. Let man beware of causing women to weep; God counts their tears.

Since Alexander the Great, the Jew had no free nation until 1948. Israel had the law but no state, a book but no home. Until 614, Jerusalem was a Christian city. Until 629 Persian; until 637, again Christian. Then until 1099, a Muslim provincial capital. In that year, the Crusaders besieged Jerusalem. The Jews joined the Muslims in its defense. When it fell, the surviving Jews were driven into a synagogue and were burned to death.

In 1215, Pope Innocent the third ordered the celibacy of the Catholic priests.

Christmas 2009

Theodore Tolios

When Moses asked who he should tell the enslaved Hebrews in Egypt who had sent him. God replied "I am who I am." Say this to the people of Israel, "I am has sent me to you." (Exodus 3:14)

Jesus tells people who he is by using seven dramatic one liners, each one pointing to God. Every statement begins with "I am" that is God's name.

- I am the bread of life (John 6:35)
- I am the light of the world (John 8:12)
- I am the gate of the sheep (John 10:7)
- I am the good shepherd (John 10:14)
- I am the resurrection in life (John 11:25)
- I am the truth and the life (John 14:6)
- I am the grape vine (John 15:1)

But if we violate God's commandments, Saint Paul the apostle describes God's attitude in a different way. "Worship God in a way that he finds acceptable in reverence and fear. God is a consuming fire." (Hebrews 11:29)

Λατρευωμεν ευαρεστως το ΘΕΩ μετα ευλαβειας και δεους
Και Γαρ ο ΘΕΟΣ Ημων Πυρ Καταναλισkον (Hewbrews 11:29)

And now for an optimistic view of Life.

"I will greet this day with love in my heart. And how will I do this? Henceforth still I look on all things with love and be born again. I will love the sun for it warms my bones; yet I will love the rain for it cleanses my spirit.

I will love the light for it shows me the way; yet I will love the darkness for it shows me the stars. I will welcome happiness as it enlarges my heart; yet I will endure sadness for it opens my soul. I will acknowledge rewards for they are my due; yet I will welcome obstacles for they are my challenge.

I will laud my enemies and they will become friends. I will encourage my friends and they will become brothers. Always I will dig for reasons to applaud; never will I scratch for excuses to gossip. When I'm tempted to criticize I will bite down on my tongue. When I am moved to praise I will shout from the roofs. Is it not that the birds, the wind, the sea and all nature speak with music for their Creator? Can I not speak with the same music to His children? Henceforth, I will remember this secret and it will change my life. I will greet this day with love in my heart." — OG Mandino

Life is an Elusive Dream

If we uncovered the tomb of a prominent person and if he could talk to us,
the first word he would say to us would be vanity...

Stranger you see bones and you think nothing of it.
But when I was alive I was an extremely important person.

I had Hector's beauty
And I was proud and cocky like a rooster.

I was strong like a lion, famous like Napoleon, glorious like Alexander the Great.
I had knowledge like Socrates and great fame all over the world.

I had enough wealth to live forever in the world.
Some people were jealous of me and some called me Croesus.

My cheeks were tender like red apples.
My eyebrows were puffy like the olive tree leaves.
Tall, black wavy hair, big black eyes.
And everybody was saying how was I endowed with all the above.

I thought i was the Beacon of the earth.
And in my mind I was saying Charon (death) does not exist.

But old age caught up with me. My knees buckled. I lost my strength.
My memory shrank. My knowledge left me. And my old dreams flew away like the birds.

The sunset came. My light went out and my beautiful body was eaten by the soil.

Laughter, sorrow and happiness go by the wind
And my whole life seemed to be like it was out one day.

Life is an elusive dream and it remains just that. My father Vasilios Tolios used to say, he who ate and drank enjoyed life, but whoever spreads love can conquer the whole world.

Louis DeBerniezes said: "Man is a dream of a shadow, even the gods cannot change the past.
Men are like the leaves of trees, the wind blows and the year's leaves are scattered on the ground.
But the trees burst into bud and put on fresh ones when the spring comes."

Nana Mouschouri sings:

Come on boy play the drums
Come on musician play the flute and let's enjoy life.
It is our fate that governs us and whoever leaves this world, he or she never comes back.

The Persian King Khosru 531-579 A.D. in a symposium with philosophers and scholars asked this question:
"What is the greatest mystery?"
A Greek philosopher answered: "An impoverished and imbecile old age."
A Hindu replied: "A harassed mind in a diseased body."
A Persian scholar won the dutiful acclaim of all by saying: "For I think the extreme misery is for a man to see the end of life approaching without having practiced virtue."

The spiritual goods in life are greater than the material ones.

Time wrinkles the skin and whitens the hair.
Envy wrinkles the soul and blackens the heart.
Only pure love and clear conscience ages a person gracefully and he (she) dies peacefully.
Your attitude shows your altitude.

The Greek tragedian Aeschylus said: "Charon (death) is the only god whom gifts cannot appease."

Growing old it is inevitable. Growing up is optional.

Worry does not diminish tomorrow's sorrow but it does diminish today's strength.

If family unity and discipline decay no amount of church preaching or any laws can correct it.

The Greek tragedian Euripides, 438 B.C., said this: "We should not lament our fate if, like the harvests that follow each other in passage of the years, one generation of men after another flowers, fades and is carried off. Who knows if that be life which we call death and life be dying? Save alone that men living bear grief. But when they yield their breath they have no sorrow then, and grieve no more."

"Never argue with an idiot because the bystanders don't know who the idiot is."
Mark Twain

Theodore Tolios, October 26, 2015

If Christ was born now in the 21st century...

This Conversation

Would have taken place between Joseph and Mary in

Bethlehem.

Joseph: Let's go home.

Mary: Aren't we going to wait for the three wisemen?

Joseph: They are not coming.

Mary: How come?

Joseph: There are not any wisemen left in the entire Middle East.

Do you know what each letter in the word bible stands for?

If you don't, read on:

BIBLE

Basic

Instruction

Before

Leaving

Earth

— This is the opinion of Ted Tolios

Merry Christmas and a very Happy New Year!!

It is fun riding around the sun...

It is fun riding around the sun
on this muddy ball.
Today I am 81
and I don't want to get off at all.

Every day I watch with excitement the sunrise
and the sunset.
I listen to the delightful singing of the birds.
I admire the beautiful flowers.
I rejoice and praise the Lord.

Without exaggeration
my wife is my inspiration.
Whatever I own in this life
I owe it to my wife.
I get strength from her to carry on in my life.
I rejoice and praise the Lord.

My daughters and my sons-in-law
are my golden bars,
my grandchildren are
my shining rising stars.
When i see them happy
I rejoice and praise the Lord.
When I see them sad, I pray to the Lord.

I observe with awe, excitement and elation
the order, the symmetry, the balance, the harmony
and synchronization of the solar system
I rejoice and praise the Lord.

When the time comes for me to depart
from this world
I hope I can quote with confidence
the last words of Winston Churchill
before he died:
"I am ready to meet my Lord
I hope he is ready to meet me."

I finish with the last five words:
Our Father Thy Kingdom Come.

Let us all rejoice and praise the Lord.

September 22, 2016
Theodore Tolios

I was thinking...

If there were three wise *women*, instead of three wise *men*
indeed things would be different.
They would not stop at King Herod for directions,
thus they would spare the lives of fourteen thousand boys.
They would arrive at their destination on time,
they would deliver the baby,
they would clean the stable, they would cook for Mary,
they would milk the cows, feed and change the baby,
and they would bring appropriate gifts.
"A child, a child shivering in the cold let us bring him silver and gold."
Do you call these appropriate gifts?

God admonishes and caresses us constantly
but once in a while he gives us a *hastouki.*
For example Greece and Turkey were at each others throats,
ready to start a war and annihilate one another.
God gave a *hastouki* (earthquake) to Turkey
and another *hastouki* (earthquake) to Greece.
Shook them up and they started talking.
The sun, not the wind, takes your coat off!
"Don't fool yourselves, you can not fool God."

Buddha (500 B.C.) whose name means "the enlightened,"
said something which is fundamental and profound even to this day:
"Work feverishly for your personal salvation
nobody else is going to do it for you."

Αυτά τά γράφει ο δόλιος
Θεόδωρος ο Τόλιος
2000

Linda

When you came here,
you were a young girl,
with a big up-do
and lots of curls.

You had confidence
that is what you need,
and I said to myself
this girl will succeed.

Every Friday you flew like a dove,
all the way down to Rhode Island
to go and see your love.

You married Bob
you broke the ice,
like all newlyweds
you discovered paradise.

The birds were singing,
the reptiles hissing,
but paradise was incomplete,
there was something missing.

Some days were sunny,
some were misty,
until along came,
Kerrie and Christy.

In the married life,
you did a good job.
You made a good choice
when you married Bob.

The customers liked you
you were yourself,
you got from all of us
the friendship you deserve.

To me you were a treasure
to work with you was a pleasure.

You are mostly serious
you never cry,
when you smile
you look like Lady Di.

The sky is clear
there is not a cloud.
"Good morning Linda"
"What's so good about it?"

We are all going to miss you,
you are a true friend.
We hope your departure
will not mean the end.

Especially I
with down and ups,
when I sneeze
"Who will tell me to shut up?"

You are compassionate,
you always give,
you have a big heart,
you are always positive.

We wish you success
may God be with you,
the door will be open
always for you.

If we ever hurt you,
we do regret it.
Your love and dignity
will forgive and forget it.

Superstitions

Many religious cults flourish for a while
They disappear and leave skeletons around
Like PTL in the United States, Jones in
South America and Mooney in Korea
But superstitions flourish and multiply
In every nation through the ages
If a black cat crosses your road, it is bad luck
If it rains on your wedding day, it is good luck
The number seven was unspeakably holy
There were seven planets, seven days of
The week, seven wonders, seven ages of man
Seven heavens, seven gates of hell
People took it for granted that the stars
were gods who ruled in detail
The destinies of individuals and states,
Character, even thoughts were determined
By the star or planet under which one
Had been born
Even the Jews, the least superstitious
Of all peoples, expressed good wishes
By saying, "mazel tov"
"May your planet be favorable"
Astronomy fought for its life
Against astrology, but finally succumbed
In the second century, A.D.
And everyone in the Hellenistic
World worshiped *Tyche* the great God of Chance

Jewish religion scorned the concessions

Of great ritual to popular imagination

It would have nothing to do with images

Oracles or birds' entrails

It was less superstitious, less colorful,

And joyful than the religion of the Greeks

Face to face with the naive polytheism

Of the Hellenic cults, the rabbis

Chanted in the Jewish synagogue

For five-thousand years

"Sh'ma Yisrael Adonai Eloheinu Adonai Echad"

"Hear oh Israel, the Lord is Our God, the Lord is One

The tradition kept the Jews alive

In five thousand years

The Muslim prophet, Mohammed, said

Prayer brings you to the gates of Heaven

And alms open the door

Theodore Tolios

The Jews are less superstitious because

They observe, believe, and strongly defend

The Ten Commandments, specifically the

2nd commandment

The Power of Communication

Several centuries ago, the Pope decreed that all the Jews in Italy had to convert to Catholicism or leave. There was a huge outcry from the Jewish community, so the Pope offered a deal. He'd have a debate with a religious leader of the Jewish community. If the Jews won, they could stay I Italy; if the Pope won, they'd have to convert or leave.

The Jewish people met and picked an aged and wise rabbi to represent them in the debate. However, as the rabbi spoke no Italian, and the Pope spoke no Yiddish, they agreed that it would be a "silent" debate.

On the chosen day, the Pope and rabbi sat opposite each other.

The Pope raised his hand and showed three fingers.

The rabbi looked back and raised one finger.

Next, the Pope waved his finger around his head.

The rabbi pointed to the ground where he sat.

The Pope brought out a communion wafer and a chalice of wine.

The rabbi pulled out an apple.

With that, the Pope stood up and declared himself beaten and said that the rabbi was too clever. The Jews could stay in Italy.

Later the cardinals met with the Pope and asked him what had happened.

The Pope said, "First I held up three fingers to represent the Trinity. He responded by holding up a single finger to remind me there is still only one God common to both our beliefs.

"Then, I waved my finger around my head to show him that God was all around us. He responded by pointing to the ground to show that God was also right here with us.

"I pulled out the wine and wafer to show that God absolves us of all our sins. He pulled out an apple to remind me of the original sin.

"He bested me at every move and I could not continue."

Meanwhile, the Jewish community gathered to ask the rabbi how he'd won.

"I haven't a clue" the rabbi said. "First, he told me that we had three days to get out of Italy, so I gave him the finger.

"Then he told me that the whole country would be cleared of Jews and I told him that we were staying right here."

"And then what?" asked a woman."

"Who knows?" said the rabbi. "He took out his lunch so I took out mine."

Clinton Poem 1

They gave Ken Starr a mission
And he acts like a chief
In the Spanish Inquisition

He wants to bring Clinton down to his knees
With admission and contrition

He could not find anything in White Water Gate
Or about Clinton's wife
So he turned ferociously digging
In Clinton's private life

When Starr was ready to close the case up
Clinton fell in a trap

An ugly woman Linda Tripp
Gave Starr a gossipy tip

She said Clinton had an affair
With Monica the intern
But Clinton said; I did not have sex
And it is none of your concern

Starr took advantage
With ferocious vengeance

He said I have all the cards in my hand
The whole deck
And he smiles like a crocodile, like a rattle snake

40 millions he spent
To learn how graphically Clinton screwed the intern

The Democrats scratch their heads
About Clinton's gaff
And the Republicans sit back and laugh

Starr and Rush Limbo, like hunting dogs
Go after prey
And Pontius Pilate (Gingrich) is waiting
With a knife and a silver tray

Kenneth Starr is for the Republicans
A shiny star....

Clinton Poem 2

He gave them for the coming Elections
Clinton's probe, plus Monica's Robe

Monica gave her mother the dress
Mom said; who you try to impress
The dress has a stain
What are you going to gain?

Mommy, honey, we will make money

When I had the inappropriate affair
With the most powerful man in the world
I was not sitting on the chair
I was sitting on the top of the world

Save the dress and don't be bitter
We will be millionaires
I will write a book
And call it the benefit of a spitter

He got the pleasure, I will get the treasure

So what if I injured the President
And so what if he needs a Hospice
Another name for the book
Could be the Oral Office

It was a plot, it was a ploy
I was partners with Starr to search and destroy

Finally Clinton admitted
He had sex with Monica the intern
But still insists it is nobody's concern

Iran Contra Reagan no big deal
S.L.L. Buss's son no big deal
None of the above are big Vices
Clinton screws Monica....Alert the country...
Constitutional Crisis.......

The whole world is laughing with problem of this kin
They say you Americans have narrow mind

They worry about War, Inflation, and Recession
2/3 of the world live in poverty and starvation
They don't care if Clinton did or did not
Succumbed in his temptation

Clinton Poem 3

Clinton is on the Helm, the Highest Post
But his daughter Chelsea suffers the most
Her father erred, but she got hurt

She carries a heavy load around her neck
And her classmates talk behind her back

As for Hilary, she knows where she stands
We all wonder why she understands

For any other woman
The pain will be unbearable
Her understanding and acceptance
Is utterly ineffable

She is cool, she is stoic
She is adroit, she is heroic

Since Eleanor Roosevelt, she is the best First Lady
Her patience brings her close to the (I dare to say)
Piety if not Deity

Girls beware of Clinton, if you have preference
Don't get too close to him
He has no zipper, no control, no temperance

As for Kenny Starr, he is preposterous and vicious
Very malicious and extremely ambitious

The interest is low, the inflation is low, the market is high
Clinton's rates are far ahead
That's irrelevant Starr says, I want his head

The Greeks have a saying
Many people rejected wealth
Without ever being sorry
But no one ever rejected power and glory

A lot of Irish people I'm talking to can't understand the scandal. They view it as the president's personal life.

Mr. Meehan noted that even though Irish Prime Minister Bertie Ahern is married, he has a public relationship with another woman.

Eagle Tribute: 9/8/98

"His girlfriend comes to the events. She's on the program. It's a personal thing and the Irish people separate it from his role as the prime minister," Mr. Meehan said.

Donald Trump

We elected President Donald Trump
Little did we know he was a bum

North Korea and Russia took advantage of him
Because they realized he is a wimp

20 advisors deserted him
They too realized he is a wimp

Global warming, Obamacare, Medicare
They are all up in the air

He alienates one country after another and he gets a thrill
We don't have a friend in the world except Israel

He cheats on his wife
That's the story of his life

He had affairs with Daniels and McDougal
He did not think it was vice
But he paid a hefty price

He avoided the draft with insidious craft

He was discharged from the army 4F's
Find them, feel them, f*#k em, forget them

The economy is strong, the market is high
The unemployment is at a 52-year low
Does he have to worry?
Yes, 2 years went by and his ratings are under 40

He gets hysterical and waves his arm
I hope he gets out before he does more harm

Mistakes he makes over and over
I hope they throw him out before his term is over

He should abdicate the throne
Because he is not the norm!
As for the immigration, this is another situation
Both parties want the illegals
The Republicans want them for cheap labor
And the Democrats want them for the vote
Immigration is an illusion without a solution

The only thing Trump is good at
Is sleeping with call girls under the blanket
Let him sleep
Pity the world when he wakes up
He might destroy the planet.

ESSAYS

Pope revived an old heresy

To the editor:

There is no doubt that the late Pope John Paul II was a very educated and wise man, a great communicator, pious and devout, and that some day he will be canonized. About three months before he died, however, he made a comment that amazes me. He said that "Paradise is not an actual place, but a condition of the soul."

This is not his original idea, and it is controversial. In the ninth century A.D., in the court of the French King Charles the Bald, there was a philosophy and theology teacher called John the Irishman, born in Erin and they also called him Erigena. He was fluent in the Greek language and an avid lover of Greek philosophy, especially Plato. He was trying to reconcile Christianity with Greek philosophy. He believed and taught as follows: "Heaven and hell are not places but conditions of the soul; hell is the misery of sin, heaven is the happiness of virtue and the ecstasy of the Divine Vision (the perception of Divinity) revealed in all things to the soul that is pure. The Garden of Eden was such a state of soul, not a place on Earth."

The church did not like these ideas and properly suspected it as reeking with heresy. In 865, Pope Nicholas I demanded of Charles the Bald that he should either send John the Irishman to Rome for trial, or dismiss him from the Palace School, "that he may no longer give poison to those who seek for bread." We do not know the outcome, but for the most part he was forgotten in the chaos and darkness of the age.

When, in the 13th century, his book was exhumed from oblivion, it was condemned by the Council of Sens in 1225. And Pope Honorius III ordered that all copies should be sent to Rome to be burned.

If John Paul II's idea was revealed to him by divine inspiration, and the church accepts it, then he is digging up an old, controversial issue that the Council of Sens condemned as heresy. In that case, John the Irishman is exonerated and justified. Let us bear in mind that according to the teaching of the Catholic Church, the pope is infallible — in religious matters only, of course, but this is a religious matter since it involved heresy. The opinions of the three popes I mentioned above are not in agreement. One (or two) of the three are not infallible and that puzzles me. I welcome, with an open mind, any comments from the experts. I am not a theologian or a historian. I just state the facts that I have read. There is nothing wrong for examining facts and situations in life. Socrates said, "An unexamined life is not worth living."

THEODORE TOLIOS
Bradford

SUNDAY NORTH
The Eagle-Tribune GREATER HAVERHILL
PULITZER PRIZE WINNER IN 1988 AND 2003
72 PAGES AUGUST 26, 2007 $2.00 newsstand

YOUR VIEW: LETTERS TO THE EDITOR

FEATURED LETTER

Pope's comments further divide the faithful

To the editor:

Since 1964, when Pope Paul VI met with the Orthodox patriarch Athenagoras I, there has been a constant dialogue between the Roman Catholic and Orthodox churches. Trying to reunite the church in its original splendor, there have been many friendly embraces and negotiations through the years between the leaders of both churches. I hope someday in the future they will succeed — but I doubt it.

On July 10, Pope Benedict XVI made a comment that could derail the negotiations. He declared his supremacy over all Christendom, that the Orthodox church is defective and that the Protestant denominations are not churches. These comments bring back sad memories of the Great Schism of the Church of Christ — the "one Holy, Catholic and Apostolic Church."

"Catholic" is a Greek word and it means "universal." It was during Pope Leo's pontificate that Christianity was finally divided.

WRITER PROFILE

Name: Theodore Tolios
Community: Haverhill
Age: 71
Occupation: Owner, Ted's Hair Stylist

In 1047, Michael Cerularius was appointed patriarch of Constantinople. History says that he was a man of noble birth, wide culture, keen intellect and a resolute will. Leo, then at the height of his pontificate, dispatched a letter to Cerularius demanding that the patriarch should recognize the supremacy of the popes and branded any church that refuses such a recognition as "an assembly of heretics and a synagogue of Satan." Patriarch Cerularius denied Pope Leo's demand.

Pope Leo died in April 1054. On July 20, 1054, Cardinal Humbert laid a Bull of Excommunication against the Eastern churches during the liturgy on the holy altar of Agia Sophia. Patriarch Cerularius convened a council representing all Eastern Christianity that formally condemned the bull and in retaliation, excommunicated the pope and the Latin church. The schism was now complete.

Ever since 1054, the differences between the two churches have widened. The Eastern Orthodox church dogmatically remained unchanged. The Roman Catholic church introduced new beliefs, such as the primacy of the pope, the infallibility of the pope, purgatory, the Immaculate Conception of the Virgin Mary and more. All these have no basis in the Bible. I am asking then, which church is defective?

By bringing up the issue of primacy, Pope Benedict XVI is not helping but harming the dialogue that currently is going on between the churches for unity. His recent declaration sounds like boasting, especially because of his position. He gives ammunition to those who oppose dialogue, especially some groups of the Eastern Orthodox churches, such as the monks of Agion Oros (Mount Athos), who view the warm embraces of the popes with the Orthodox patriarchs not as conciliatory, but as a deadly bear hug.

The dialogue between churches has reached an impasse with the pope's comments. If the churches reunite under these conditions, there will be resentment and division among the faithful and there will be a schism greater than before. The art of compromise consists in a series of successes. It is a Christian virtue to forgive, but unfortunately human nature does not forget. When you don't forgive, it is like you drink poison and wait for the other person to die. What will happen to the ecumenism that the late, beloved, popular and influential Pope John Paul II adopted with zeal and advanced with enthusiasm?

THEODORE TOLIOS
Bradford

EAGLE TRIBUNE, December 6, 2009

President snubs Orthodox patriarch

To the editor:

I know President Obama is not going to read this letter, but I am writing to get something off of my chest. I support and admire his work. I think he's doing a great job. When he went to Europe last March, the Europeans idolized him. He is a man with keen knowledge, resolute will and he speaks with eloquence and terse. Also, he is the envy of his political rivals.

President Obama made a visit to Turkey. At that time he had an invitation from the Patriarch Bartholomew to visit him in his headquarter located in Istanbul (Constantinople). Instead he called and met him at a hotel while keeping the media away.

The patriarch represents over 300-million Orthodox Christians. I think that giving in to the pressure of the Turkish authorities not to appear in public with him is appalling. I am very disappointed with this. In 1974, Turkey closed the theological school located in Halki while trying to eliminate any trace of Christianity in that country.

I came into this country 53 years ago, to learn English, become an American citizen and work. I love the United States and I'm proud to say that all my life I collected only one week of unemployment. This country was built on unshakable foundations. The first of those foundations is Christianity, because the pilgrims who first settled in this land did so to avoid persecution in Europe. Second is the Constitution (which is the cornerstone of this nation). Last but not least is the Bill of Rights. The only country that enacted a bill of rights before us was England in 1689, but that bill was too weak. The parliament could erase it by a one-vote majority.

The president is the leader of the free world who advocates and promotes human rights wherever he goes. Turkey has no bill of rights and a lack of respect for human rights.

When the president went to Italy in July, not only did he accept the invitation from the pope, his visit with the pope was ostentatious, pompous and the media coverage was a fanfare all over the world.

Why would President Obama make such an exception? I'm one of 300 million disappointed Orthodox Christians.

THEODORE TOLIOS
Bradford

THE WHITE HOUSE
WASHINGTON
January 5, 2010

Dear Friend:

Thank you for sharing your thoughts with me. Many Americans have written to me about human rights around the world, and I appreciate your perspective.

The United States was founded on the principles of freedom and equality and our history is marked with triumphs and struggles in fulfilling these timeless ideals. Out task is never finished, and protecting is a shared obligation. No region is free from violations of human rights, and no nation should be silent in the fight against them. When innocents in places like Bosnia ad Darfur are slaughtered, that is a stain on our collective conscience. I am committed to reinvigorating America's leadership on a range of international human rights issues.

As you may know, the United States has rejoined the United Nations Human Rights Council and is working to make this body as effective as possible. My Administration intends to advocate for human rights in other international settings as well. In our relations with other countries, the issue of human rights will be raised as clearly, persistently, and effectively as possible. Among other things, we will promote respect for the rights of minorities and women, the equal administration of justice, and the freedom for people to live as they choose.

Our commitment to human rights is an essential element of American foreign policy and one of our best national security assets. Through it, we will help to shut down torture chambers, replace tyranny with good governance, and enlist free nations in the common cause of liberty.

To learn more about my Administration's human rights agenda, please visit: www.WhiteHouse.gov. Thank you again for writing.

Sincerely,
Barack Obama

THE HELLENIC VOICE

The largest and most widely accepted English weekly dedicated to Hellenic Americans

VOL. X No. 45 | WEDNESDAY, NOVEMBER 17, 2010 | The Hellenic Voice ® | $2.00 per copy

opinions & editorial

What caused the demise of Byzantium

By THEODORE TOLIOS

After I heard Ecumenical Patriarch Bartholomew say on "60 Minutes" that the primary See of the Orthodox Church has been in Constantinople for 17 centuries, I was inspired to do some research to discover the causes for the demise of the Byzantine Empire. Most historians agree that the Fourth Crusade was the main culprit, but I wanted to know what exactly the soldiers of the Fourth Crusade did to Constantinople. They were charged to liberate the Holy Land from the Arabs and the first three Crusades tried to do just that. Instead of going to the Holy Land, the Fourth Crusade invaded and sacked Constantinople, the richest and most famous city in the world, and the center of Christianity for a thousand years.

They attacked the city like hungry locusts. What they did was horrible and despicable, as they stripped churches not only of gold, silver and jewels accumulated throughout the centuries, but also sacred relics than would be later peddled in Western Europe at exorbitant prices. Hagia Sophia suffered more damage that it would under the Ottomans in 1453. Venetians who were familiar with the city that had once welcomed them as merchants knew exactly where to look for the greatest treasures.

The Taking of Constantinople by the Crusaders in 1204, by Palma LeJeune.

As the Greek historian Nicetas Choniates (1155- 1216) graphically recounts:

"Just three years later there came to the papal throne the Great Innocent the III, who soon called for a new Crusade. In the spring of 1202, the Venetian fleet with the Crusaders took the city by assault. In March 1204, the Crusaders drew up a treaty with their Venetian allies, agreeing to siege the city a second time, divide up all the booty, to elect a Latin emperor and a Latin patriarch. Then came the second capture and the dreadful sack of Byzantium.

"They went straight to St. Sophia. They trampled the images underfoot. Instead of adorning them, they threw the relics of the martyrs into filth. They spilt the body and blood of Christ on the ground and threw it about. ... They broke into bits the sacred altar of St. Sophia and distributed it among the soldiers. When the sacred vessels and the silver and gold ornaments were to be carried off, they brought up mules and saddle horses inside the church itself and up to the sanctuary. When some horses slipped on the marble pavement and fell, they stabbed them where they lay and polluted the sacred pavement with blood and filth and horse dung.

"A harlot sat in the Patriarch's throne singing obscene songs and dancing frequently. They drew their daggers against anyone who opposed them at all. In the alleys and the streets, one could hear the weeping and lamentations, the groans of men and the shrieks of women, wounds, rapes, captivity, separation of families, nobles wandering about in shame, the aged in tears, the rich in poverty."

What was destroyed in the libraries of the capital, we shall never know. Besides relics, some of the most notable works of art were sent to the West, among them the famous gilded bronze horses from the Hippodrome, replicas of which hover over the doors of St. Mark in Venice, while the original horses are housed in the basilica. All these horrors were committed by Christians to Christian brothers and sisters.

After the sack of Constantinople, economically the Byzantine Empire was in a condition as pitiable as the moribund patient. The empire never recovered and on May 29, 1453, it was conquered by the Ottomans. Pope Innocent III initially threatened the Crusaders with excommunication if they invaded Constantinople; but, after the city capitulated, he not only did not excommunicate them, he declared triumphantly, joyfully and with derision: "Now the gown of Christ is seamless." In 1261, the Greeks of Nicaea eventually recaptured the capital and reestablished the Byzantine Empire. It was, however, too late – the damage was irreparable.

Historians say that there are many facts that shape the history of a people. Another factor that contributed, to some degree, to the fall of the Byzantine Empire was the exploitation of religion by selfish people. Young men, in order to avoid the draft in the army, used to donate the share of their property to the monasteries and joined the monastic life. The Greek historian, C. Paparigopoulos, writes, "There were several hundred thousand monks in the Byzantine Empire. One monastery in Constantinople had thirteen thousand monks. The abbot did not know who was who or what they were doing." There were 3,000 churches, monasteries, cloisters and abbeys in the city alone. They were the richest institutions in the empire. They used to receive legacies of land from barons frightened by the sermons on the impending end of the world. Men and women of high rank frightened by omens of death sought admission to monasteries and brought with them an ingratiating wealth that would no longer be subject to taxation. There was a sarcastic rumor going around at the time: "The Gospel according to Mark with Silver."

Stop and think that if that wealth was donated to the treasury of the empire and the idle young man bore arms to defend it, the moribund patient, Byzantium, would be robust overnight. Anyway, with all the vicissitudes, calamities and sufferings the Byzantine Empire suffered, the historian Will Durant concludes that the Greek (meaning the Byzantines) "lived as Stoics and died as Epicureans."

Herodotus said: "Blissful is he who knows the history." I am an avid reader of history, but I get disappointed and discouraged when the more I read the more I realize how little I know.

Theodore Tolios lives in Bradford, Mass.

THURSDAY
November 29, 2012

The Eagle-Tribune
HAVERHILL
eagletribune.com
PULITZER PRIZE WINNER

75 CENTS/$5.05 PER WEEK
HOME DELIVERED
978-946-2200

Letter to the editor

Historical evidence supports existence of Jesus

To the editor:

If the authors of all four Gospels could pose for a family picture, John would stand out like a seven-foot-tall giant. John is that different from Matthew, Mark and Luke.

We could go to any other Gospel and find nearly three times as many miracles as we'll discover in John's Gospel. John reports seven, but five of these appear nowhere else in the Bible.

Here are those five:

Turns water into wine. (John 2:1-12: "Jesus is still the master of creation.")

Heals official's son without even going to see the boy. (John 4:46-54: "Jesus isn't limited in geography.")

Heals crippled man on the Sabbath. (John 5:1-17: "Jesus isn't limited by time. Some Jewish scholars say it's wrong to treat the sick on the Sabbath.")

Heals a man born blind. (John 9:1-41: "Jesus brings light into the world, both physical and spiritual.")

Raises Lazarus from the dead. (John 11:17-44: "Even death is not a match for the Son of God.")

Some people ask: "Why did no historian report the existence of Christ?" I did some research and here is what I discovered:

"There was a wise man named Jesus ... Pilate condemned him to be crucified ... His disciples didn't abandon their loyalty to him. They reported that he appeared to them three days after his crucifixion and that he was alive." Josephus, "Antiquities of the Jews."

"Christ suffered the ultimate penalty at the hands of the procurator Pontius Pilate when Tiberius was emperor of Rome." Tacitus, "Annals of Imperial Rome."

According to Suetonius in "The Lives of the Caesars," Christ caused the riots in Rome in 49 AD. This is probably a reference to the hostility that erupted when traditional Jews clashed with Jews who believed Christ was the promised Messiah. Claudius expelled all the Jews from Rome at that time.

Merry Christmas and Happy New Year.

THEODORE TOLIOS
Bradford

Sunday Eagle-Tribune
PULITZER PRIZE WINNER
$2.50 NEWSSTAND/$5.05 PER WEEK HOME DELIVERED
SUNDAY, AUGUST 4, 2013

Your View: Letters to the Editor

Philosopher's life offers lesson for today

To the editor:

I was listening to a religion program, and they were referring to the philosopher Epictetus many times. That prompted my curiosity to do some research about him. Epictetus was born in Hierapolis in Phrygia in 55 AD. He was a slave woman's son and therefore himself a slave. He had little chance for education, as he passed from one owner and city to another, until he found himself the property of Epaphroditos, a powerful member of Nero's imperial court.

Epaphroditos allowed him to attend lectures of Musonius Rufus and later freed Epictetus, who was an avid reader. Eventually he settled in Nicopolos, where he became a famous philosopher and drew to his lectures students from many different parts of Greece.

When Nero was persecuting Christians, many Christians were questioning why forgiveness should be given to evil people like the Romans. Many struggled to understand why evil people deserve forgiveness or why anyone does. If God was truly just, he would pluck up the evil ones and cast them straight into a pit to rid us of the scourge. In my humble, naïve and simple opinion, the answer is the incomprehensible, baffling, gift of God's grace.

Epictetus sometimes advances beyond Christianity. He denounced slavery, condemned capital punishment, argued that criminals be treated as though they were ill, advocated a daily examination of the conscience and announced a kind of golden rule: "What you shall suffer do not make others suffer." He advised men to return good for evil, and defined philosophy as an attempt to elevate oneself so as to see in every direction. From such an elevated state, life seems to the philosopher a ridiculous confusion: men plowing, toiling, disputing, suing in the courts, lending at usury, cheating and being cheated, running after gold or pleasure; over their heads a cloud of hopes, fears, follies, and hates while each in turn is drawn away by Charon, the messenger of death. Philosophers satirize the rich for their greed and avarice, and the poor for their envy.

Epictetus believed that we don't own anything. He advised to never say about anything that "I have lost it," but to say "I have given it back." Is your child dead? He has been given back, according to Epictetus. Is your wife dead? He would say that she has been returned.

In Epictetus' thought one can detect a mixture of Greek philosophical, mythological and Christian principles. There is no proof that Epictetus was ever baptized a Christian, but he lived a Christian life better than most of today's nominal Christians. The history of civilization leads to the conclusion that most of today's 250 religious denominations promote simony and they don't pray but ululate and bray.

THEODORE TOLIOS
Bradford

TUESDAY
August 26, 2014

The Eagle-Tribune
HAVERHILL
eagletribune.com PULITZER PRIZE WINNER

75 CENTS/$5.85 PER WEEK
HOME DELIVERED
978-946-2200

8 Tuesday, August 26, 2014 THE EAGLE-TRIBUNE

OPINION

EAGLETRIBUNE.COM | EDITORIAL PAGE EDITOR KENNETH JOHNSON | 978-946-2000

Letters to the editor

There's a lesson for Market Basket from ancient Rome

To the editor:

The Market Basket situation reminds me of the tale of Agrippa. In ancient Rome, there were two classes of people: the patricians and the plebeians. The patricians were the wealthy aristocrats in the early Roman Republic (509-264 BCE). The word "patrician" comes from the Latin word "pater," which means "father."

The plebeians were the working class, the commoners. About 450 BCE, the plebeians went on strike and Rome was paralyzed. Agrippa was sent as a mediator to solve the problem.

Agrippa gathered the plebeians and told them a tale: Once, the hand, the mouth, the teeth and the tongue went on strike against the stomach. They said that although they work, toil and chew the food, the stomach gets everything. They stopped feeding the stomach and in a few days, the limbs got weak and the whole body was paralyzed. The stomach, however, was the last to be affected.

In Agrippa's tale, the plebeians are the limbs of the body and the patricians are the stomach. The plebeians eventually called off the strike.

Almost 2,500 years later, Agrippa's tale is still relevant. If the Market Basket workers continue their action, the owners of Market Basket will be the last to suffer.

In Agrippa's tale, all the parts of the body are necessary. Hopefully, the workers and owners of Market Basket will learn this ancient lesson.

TED TOLIOS
Bradford

HAVERHILL
Sunday Eagle-Tribune
PULITZER PRIZE WINNER
$3.00 NEWSSTAND/$6.60 PER WEEK HOME DELIVERED ••• SUNDAY, DECEMBER 18, 2016

Your View: Letters to the Editor

The glory that was Greece, the opportunity that is America

To the editor:

Ancient Greece and contemporary America contributed an abundance of ideas and inventions to the world. The English lord, Sir Henry Maine, said this about Greece: "Except the blind forces of nature, nothing moves in this world that is not ancient Greek in origin." What a tribute to my ancestors.

Ancient Greek mathematicians laid the foundations of trigonometry and calculus. They began and completed the study of conic sections, and they brought three-dimensional geometry to such relative perfection that it remained as they left it until Descartes and Pascal.

Democritus illuminated the whole area of physics and chemistry with the atomic theory. Archimedes produced enough mechanics to place his name among the highest in records of inventions. Aristarchos inspired Copernicus in the heliocentric hypothesis. Anaxagoras and Empedocles drew the outlines of the theory of evolution. Hippocrates freed medicine from mysticism, and philosophical theory was ennobled with the ethical code.

The ancient Greek not only talked about philosophy but lived it. The sage, rather than the warrior or saint, was the pinnacle of the ideal Greek life. They inspired Roman emperors, Christian fathers and scholastic theologians.

At this moment, thousands of eager spirits are reading Plato in every country of the earth. Civilization does not die, it migrates; it changes its dress, but lives on. The decay of one civilization as of one individual makes room for the growth of another life. The old skin surprises death with fresh youth. Greek civilization is alive. The people who study (not just read) ancient Greek history hear the voices of Pythagoras, Solon, Socrates, Plato, Euripides of Pheidias, Praxiteles of Epicuros and Archimedes. They will be grateful for the existence of such men. They will think of ancient Greece at the bright morning of Western Civilization. Herodotus, the father of history, was Greek. Alexander the Great was one of the three great generals of that time. The other two were Julius Caesar of Rome and Hannibal of Carthage. I am proud of my ancestors.

I have a complaint of the ancient Athenians. They killed innocent Socrates who was accused of preaching (kena demonia) new gods and corrupting the youth. But when they realized what they did, they overwhelmingly regretted it and executed the three accusers the next day right on the spot.

My adopted country, the United States of America, was built on sound foundations: Christianity, a unique Constitution, and the Bill of Rights. In the last two centuries, America contributed to the world a tremendous amount of inventions and technologies: medicines, the best universities, the best doctors, the best hospitals, the invention of electricity, the telephone, the car, the television, the airplane, the computer and the internet. Americans gave us crystal clear pictures of Mars, and above all, they landed men on the moon and brought them back to the earth safe.

God Bless America. I love Greece because it gave me life, and I love my adopted country, America, because it gave me the opportunity to have a good life.

THEODORE TOLIOS
Bradford

Sunday Eagle-Tribune
The Eagle 1867 • The Tribune 1890

Karen Andreas
Regional Publisher

Al White
Editor

Kenneth P. Johnson
Editorial Page Editor

FAMILY ALBUM

Theodore and Erato Tolios

Erato Tolios

Theodore Tolios

Theodore's parents,
Vasilios and Agne Tolios

Erato's parents,
Panagiotis and Anastasia Kafteranis

Theodore's two daughters and their spouses

Constantia and son-in-law Aristotle Papanikolaou

Noula and son-in-law Lance Thibault

Erato, Theodore and grandchildren

GREEK VERSES

Το χωριό μου

Το όμορφο μου το χωριό
μου έμεινε μεράκι
λέγεται Άγιος Κοσμάς
με το παλιό Τσεράκι.

Εκεί εγώ επήρα την πρώτη αναπνοή μου
εκεί τα πρώτα βήματα
έκανα στη ζωή μου.

Εκεί τον Ήλιο είδα
απ' το Μπαργιαμόπκο ν' ανατέλλει
Σμόλικα, Βασιλίτσα είδα να βασιλλεύει.

Πρώτη φορά τον κούκο
εκεί άκουσα να λαλάει
και ο πατέρας έφευγε
στην ξενιτιά πάει.

Θυμάμαι τα λιβάδια, Κούτσουρα, Χορτολάκο
μια φωλιά από κότσυφα
μια από τσαρτσαράκο.

Μια φωλιά απ' ασπρόκολο
στο πηγαδούλ στο ντβάρ
και συντηρούσαμε τ' αυγά
στ' αλεύρι μεσ' τ' αμπάρ.

Ίσιωμα Ψηλοράχη θυμάμαι την Ντραμπάλα
στην ξενιτιά ο πατέρας μου
έψαχνε για πραχάλα.

Α' ι' γκόλα, Αμπέλια, Τσέργιανη
Τρόχαλα και Μπαρούχα
τα τρύπια τα τσαρούχια
τα λίγα μου τα ρούχα.

Θυμάμαι το εξώνερο
εκεί στο χορτολάκο
που παίρναμε αγιόνερο
να σώσωμε μια μπαλιάκο.

Θυμάμαι τα παλιάμπελα
τη γούρνα την βαθιά
και τρώγαμε τσιντσίφια
από την τσιντσιφιά.
Του παπατάτς το μήλο
θυμάμαι της φακές
εκεί στο παλιοχώρι
ήτανε τρεις ραφιές.

Και τα σιαήνια είχανε
φωλιές στη μπιστιριά
και κλέβαμε της μούρες
'Π' του Γόλη τη μουριά.

Γεμάτο φτέρες ήτανε

κει κάτω στα λιβάδια

και καραμουζοφωλιές

επάνω στα λευκάδια.

Η μάνα κάπου κάπου

με άργαζε την κόζια

και με τον Μπούλη έπλεκα

καπέλα με ρουγκόζια.

Δια πραχάλα φεύγανε

το Μάρτη οι κουδαροί

κ' έμειναν μόνο στο χωριό

ο ιερεύς, ο δάσκαλος και οι τζομπαναριοί.

Είχαμε βοσκούς το Λάμπρο, το Στέργιο, το Νικόλα το Μπαζάκα

και λάσπες κουβαλούσαμε με ξύλινη καζάκα.

Ο Ευάγγελος ο Δήμος βόσκαγε γίδια και προβατίνες

και έσκιαζε το γάιδαρο με βροντερές μπισσιήνες.

Πηγαίναμε στον Τσάρκο να πάρουμε μαλλί

και λέγαν φσάει μέκος η Γάλω απ' τ' Μιραλή.

Πηγαίναμε στην στρούγκα να πάρουμε το γάλα.

Αχ τι νόστιμη που ήταν η ούρδα και η ντάλα.

Μια τσιάτσκα πήναμε γάλα δεν είχαμε ποτήρ

και το τυρί τη φέτα το λέγαν μπατζιοτύρ.

Στα **βριτσάθκα** στα βαρκά βοσκούσαμε γουρούνια
και τα μικρά χοιρίδια τα λέγαμε γκουτζούνια.

Μια πίτα επιθύμησα στη μπόντζα με τη γάστρα
τι νόστιμη που ήταν το Μάρτιο η κλιάστρα.

Κρεμούσαμε στα γκισέμια κύπρια και κουδούνια
κι' είχαμε για μπάλες φούσκες από γουρούνια.

Στην δεσ' την Αγγελαθκ πηγαίναμε για ψάρια
και τρέχαμε στα σμάρια να μάσουμε μαντάρια.

Τι νόστιμα που ήτανε μου έμειναν μεράκια
μαντάρες κοκκινούσκες κι' αυτά τα καλουγράκια.

Ψάχναμε για φωλιές στα δάση, στις ρίζες, στα λουλούδια
και βρίσκαμε αλλού αυγά γκουλίνια ή πεταρούδια.

Λιουτσιούνταν τα γουρούνια στη λάσπη εκεί στη μπάρα
και τον δρυοκολάπτη τον λέγανε τσουπουλτάρα.

Από το μπναρ αντλούσαμε με τον κουβά νερό
τσουτσουλιανό τον λέγαμε εμείς τον κορυδαλλό.

Βοσκούσα τα μανάρια με το Γκούργκουλα τον Μήτσο
και το σκαντζόχοιρο εμείς τον λέγαμε αρίτσιο.

Μαζεύαμε βαλάνια από τσέρο και από πλιάτσκα
στο Μέγα πίναμε νερό με σκουριασμένη τσιάτσκα.

Τρυπούσαν τα τσαρούχια τα βάζαμε μια πρότσκα
και στο χωριό την κλώσα εμείς την λέγαμε κότσκα.

Ξηρό ψωμί και μπάτσιο είχαμε στον τρουβά
στους γάμους με λαλούμενα τρώγαμε τον τσουρβά.

Στο κρύο το χειμώνα παγώνανε οι άντσες
σαμάρια από γουμάρια είχαμε για σαρμπάντζες.

Τα' αποκριές εχτίζαμε μεγάλο εκεί φανό
σβαρνίζαμε τα κέδρα από το Λιντιβό.

Δεν είχαμε ηλεκτρισμό μόνο δαδιά φανάρια
τα' αποκριές ντινόμασταν όλοι σαν λουγκατζάρια.

Νιάνια τη θεία λέγαμε και την γιαγιά μανίτσα
και ο Κοτσιούλας φόραγε τζούτσο και γκαμπενίτσα.

Μας διηγούνταν οι γριές ζούζουλα, βρικόλακες, μπουντρούμια
μα όπως αποδείχτηκε ήταν όλα γκιούμια.

Μας βάζανε ξυνάδα επάνω σε μια φλέγκα
και παίζαμε τη μπίσκα και άλλοι την τσιλέγκα.

Σκυφτά, σκυφτά οι γριές, οι γέροι με δεκανίκια
πηγαίναν για παρηγοριά ή και για μπουγανίκια
τρώγανε και ρασσνίκια.

Και αν κανένας έσφαγε καμιά μπαλιάκο ψώφια

πηγαίναν και στα ψτρόφια

έκανε καλό μεζέ απ' άντερα και σκώτια.

Στη βάφτιση στην εκκλησιά όλα τα πιτσιρίκια

ετρέχανε ξυπόλητα να πάρουν συχαρίκια.

Απλώναμε στην ήλιο τον τραχανά, τα πέτουρα

την όμορφη πεταλούδα εμείς την λέγαμε πέρπερα.

Κάναμε κουλουτούμπες στ' αλώνια π' αλωνίζαμε

και δέναμε τον τζίντζιρα και τον στριφογυρίζαμε.

Αχ πως επεράσανε και έφυγαν τα χρόνια

[γρήγορα περάσανε τα παιδικά μας χρόνια]

και λέγανε ιστορίες οι γέροι εκεί στ' αλώνια

[κι' απίστευτο μας φαίνεται ότ' έχομε εγγόνια].

Το κάτωθι μας έλεγε ο Σεραφείμ Νατσιόπουλος:

«Ο Κουτσονίκος ο μεγάλος σαν ο μέγας αγγλογάλος

πιάνει στρίβει το μουστάκι σαν το Γιώργο Καραϊσκάκη».

Και ο Φίλιππος ο Σιώμος έλεγε στη γυναίκα του

τη Σιωμότανα στο γάμο του γιου τους Γώλη:

«Έβγα Τάνα στα κάγκελα να δεις το γιος τον κόρακα

παντρεύεται στη Μπρόσια και φέρνει ένα βρικόλακα».

Ο αδερφός μου στις μηλιές έκανε πολλ' αμπόλια

κι' εγώ ήμουν ξυπόλυτος στ' αγκάθια στα σντροβόλια.

Δεν ξέραν άλλο τίποτα

περνούσαν καλά οι μέρες

κι' ο αδερφός μου έπλεκε

καλάθια και κουσιέρες.

Εις τα σταφύλια έβαζε η μάνα μας σακούλες

γεμάτες οι αμυγδαλιές φωλιές απ' τουρκοπούλες.

Είχαμε μια κούνια επάνω εκεί στ' αλώνια

και με το Σπύρο έκλεβα καρπούζια και πεπόνια.

Και τα καρύδια κλέβαμε από τις καρυδιές

και πιάναμε τις γκίσσες με τις πλακαταριές.

Τα **κάλαντα** χτυπούσανε χαρμόσυνα οι καμπάνες

Στο νάρθηκα επαίζαμε με παλιοκαραντάνες.

Απ' το Κουρί μαζεύαμε για το Χριστό μας ίτσια

άλλοτε παίζαμε κρυφτό και άλλοτε τα φίτσια.

Την άνοιξη περίμενα τις γκάστρες για να βγούνε

και χαίρομαν που έβλεπα τ' αρνάκια να πηδούνε.

Πρόβατα και γουρούνια κότες και κλωσσαριές

βοσκούσα τα μανάρια μέσα στις μεσαριές.

Μα ένας κλέφτης του χωριού ο διάβολος να τον πάρει

ο Κώτσιος ο Λαμπράδικος μου έφαγε το μανάρι.

Τον Κώστα Λάζο είχα καλύτερο μου φίλο
κι' απ' το Θωμά το δάσκαλο έφαγα λίγο ξύλο.

Ήταν λίγο νευρικός τον έπιαναν καπρίτσια
και ξέσπαζε σε μένα γιατί πείραζα τα κορίτσια.

Εκείνος ξύλο μ' έριχνε και τούλεγα να σε βράσω
και η αιτία ήτανε η Θωμαή και η Πάσω.

Στην Εκκλησιά οι γυναίκες στήνανε τον χορό
εγώ και ο Κώστας παίζαμε μ' ένα παλιοτσιαϊρό.

Θυμάμαι όταν με έπιανε βαριά ελονοσία
η μάνα μου έκανε το παν γινότανε θυσία.

Με ξύδι μόνο και νερό μ' έβρεχε στο σαλόνι
και έφευγε η δόλια να πάει ξανά στ' αλώνι.

Δεν είχα αναψυκτικά και φάρμακα να πίνω
ερχόταν πάλι η μάνα μου και μ' έδινε κινίνο.

Όταν η πόρτα έκλεινε εγώ έχανε το θάρρος
και νόμιζα απ' το παράθυρο θ' ερχότανε ο χάρος.

Και το '41 στην πείνα την βαθιά
η μάνα μου είχε φθάσει ως την Παραμυθιά.

Και όταν ο Αντάρτης θέλησε να με στρατολογήσει
ο γεροσιακλούφης έτρεξε τη μάνα να ειδοποιήσει.

Σαν Λέαινα η μάνα ωσάν θεομηνία
ερίχτηκε επάνω του με λύσσα και μανία.

Προτού το γιό μου πάρετε σκοτώστε πρώτα εμένα
για το παιδί μου εγώ θα χύσω όλο το αίμα.

Στα καλαμπόκια κρύβομαι δεν παίρνω αναπνοή
εκεί με πήρε ο ύπνος ως τ' άλλο το πρωί.

Τραγούδια εμείς τα **κάλαντα** ψέλναμε σπίτι σπίτι
και εμείς ετουρτουριάζαμε και πάγωνε η μύτη.

Και οι μητέρες όλες μαζί ήταν πολύ καλές
με θαλπωρή και με στοργή μας δίναν συμβουλές.

Να είστε λέγαν φρόνιμα μην κάνετε το μάγκα
μην παίρνετε κουλούρα από την Τάσιω Βράγγα.

Θυμάμαι το '39 τέσσερα είχα χρόνια
μια περιπέτεια έγινε ξεκίνησε απ' τ' αλώνια.

Η μάνα μου και η θεία μου η Λαμπρινή πήγαν στην Καλλονή
να πλέξουνε φανέλες σε μια μηχανή.

Εγώ τις ακολούθησα Θεέ μου τι βλακεία!
Μονάχος μες τα δάση χωριά πέρασα τρία.

Και όταν το βράδυ γύρισα ξανά στο σπιτικό μου
έφαγε ένα ξύλο ήταν όλο δικό μου.

Η μάνα όταν μ' αντίκρυσε μου έδωσε χαστούκι
και από τον κήπο της Δέσπως έβγαλε ένα παλούκι.

Στην αγκαλιά του όμως μου έσφιξε ο παππούς
μη χτυπάς νύφη το παιδί θα γίνει μεγάλος άνθρωπος νύφη μου δεν μ' ακούς;

Η προφητεία του παππού δεν βγήκε αληθής
δεν έγινα μεγάλος έγινα κομμωτής και ψευτοποιητής.

Ξύλο από τη μάνα μας έφαγε και η Ευτυχία
το έφαγε όμως άδικα εγώ ήμουν η αιτία.

Τα πρώτα μου τα γράμματα τα έμαθα στο χωριό μου
και είχα την μανούλα μου το πρώτο δάσκαλό μου.

Έπειτα πήγα στο Θωμά να μάθω Νέα Ελληνικά
κατόπιν στο γυμνάσιο γι' αρχαία Ελληνικά
και τέλος στην Αμερική για λίγα Αγγλικά.

Την πρώτη όμως λέξη που έμαθα στο χωριό μου
έμεινε ανεξίτηλη για πάντα στο μυαλό μου.

Τη λένε στα γυφτάδικα, τη λένε στα σαλόνια
τη λέγανε οι πρωτόγονοι, τη λέγανε αιώνια.

Τη λένε στα ανάκτορα, τη λένε οι τσιγγάνοι
δεν την ξεχνάει κανείς έως ότου να πεθάνει.

Τη λένε οι δικαστές, τη λένε εισαγγελείς

τη λένε οι αυτοκράτορες, τη λένε οι Βασιλείς.

Τη λένε εις τις τρώγλες, τη λένε στα τσαντίρια

τη λένε και οι μπεκρήδες τσουγκρίζονταν τα ποτήρια.

Τη λένε οι αγγράμματοι, τη λένε οι μορφωμένοι

τη λένε μ' αναστεναγμό οι βαρυφορτωμένοι.

Την πρώτη λέξη ο άνθρωπος μαθαίνει στη ζωή

είναι και η τελευταία προτού να βγει η ψυχή.

Σ' Ανατολή και Δύση και Νότο και Βορά

όσοι την λένε έχουν γαλήνη και χαρά.

Τη λέει και ο κατάδικος όταν χτυπά η καμπάνα

δεν θα με κλάψει άλλος κανείς μόνο η γλυκιά μου Μάνα.

Απ' όλα τα γλυκίσματα γλυκύτερη είναι η Μάνα.

Τα τελευταία λόγια του πατέρα μου πριν πεθάνει

ήταν: Μάνα ... πάρεμε τώρα κοντά σου

να είμαστε μαζί...

Και η μητέρα του Χριστού

η καλή μας Παναγία

στην ψυχή κάθε πιστού

δίνει χάρη και ευλογία.

Στον τσέρο ο Άγιος Κοσμάς έβαλε σιδηρούν σταυρόν
που δεν εσκούριασε ποτέ γιατί ήταν πράγμα ιερόν.

Και εκκλησία ο Καντιώτης έχτισε εκεί για μας
γιατ' ήταν και Προφήτης ο Άγιος Κοσμάς.

Μα έλα που τώρα το χωριό σιγά σιγά ερημώνει
[κρίμα που τώρα το χωριό σιγά σιγά ερημώνει]
πεντ' έξι γέροι και γριές εμείναν τώρα μόνοι.

Σκορπίσαμε εν Αμερική Ευρώπη κι' Αυστραλία
και μερικοί τους άθελα φθάσανε στη Ρωσία.

Μονάχα τον Ιούλιο κατά το πανηγύρι
τα έρημα σπιτάκια μας βλέπουν τον νοικοκύρη.

Στη Θεσσαλονίκη Κοσμά του Αιτωλού υπάρχει σωματείο
κρατούν τη φλόγα ζωντανή κι' αυτό δεν είναι αστείο.

Εύχομαι οι μεταγενέστεροι ποτέ να μην ξεχάσουν
τη φλόγα πάντα να κρατούν τις ρίζες να μην χάσουν.

Όπου κι' αν πάει ο Αγιοκοσμήτης ό,τι και αν θα κάνει
οι πιο πολλοί για πάντα γυρίζουν στον Άϊ Γιάννη.

**Το ποίημα αυτό σε προκαλεί γέλια, χαρά και θλίψη
όσο και αν είναι κανείς σκληρός αυτό θα τον αγγίξει.**

**Θα είναι ασυναίσθητος αυτός που τα διαβάζει
εάν δεν βγάλει δάκρυα και δεν αναστενάζει.**

Εθνικός Κήρυξ

17 Απριλίου 1960

«Η Παναγία κλαίει»

Είδηση από το Λονγκ Άιλαντ

έφτασε και μας λέει

πως κάποια εικόνα δάκρυσε

η Παναγία κλαίει!

Αμέσως διεδόθηκε

κι' είναι μεγάλο πράγμα

κι' ο Τύπος δημοσίευσε

το σπάνιο τούτο θαύμα.

Οι ιθύνοντες διέταξαν

– μαζί και ο Δεσπότης –

να πάει η εικόνα στο ναό

στο σπίτι το δικό της.

Μα η Παναγία ασφαλώς

το λέω με παρρησία

δεν κλαίει επειδή

λείπει από την εκκλησία

κλαίει επειδή οι άνθρωποι

ζούνε με υποκρισία.

Κλαίει που τώρα οι άνθρωποι
δεν είναι πια Θεολάτραι
τα πάντα εγκατέλειψαν
κι' έγιναν σαρκολάτραι.

Κλαίει που στην ανάγκη μας
έλεος τη ζητούμε
και μόλις δοθεί η χάρις της
αμέσως την ξεχνούμε.

Κλαίει! και τούτο βέβαια
είναι μεγάλο κρίμα
γιατί η ανθρώπινη ψυχή
ζει μόνο για το χρήμα.

Κι΄ εκεί όμως που την πήγανε
το δάκρυ δεν θα παύσει
θα δει παράξενα πολλά...
και με φωνές θα κλάψει.

4 Σεπτεμβρίου 1960

Όλοι μαζί γυρνούσαμε
ποτέ δεν διαφωνούσαμε
πάντα φιλοσοφούσαμε
και αν δεν αερολογούσαμε
αεροκοπανούσαμε.

Κι' είχαμε χαβαδάκι
δίπλα το ποτηράκι
με δίχως καβγαδάκι
περνούσε το βραδάκι.

Τα διεθνή προβλήματα
για μας μικροζητήματα
τα λύναμε ευκόλως
φθάναμε και στα άδυτα
και τελικά ευρίσκαμε
πως είναι όλα άλυτα.

Μα στην παρέα έπεσε
της έριδος το μήλο
τουτέστι στην ελληνική
το γυναικείο φύλο
π' αδύνατο το λένε
μα όσοι το πιστεύουνε
την μοίρα τους να κλαίνε
γιατ' είναι πιο δυναμικό
μάλλον στον υπερθετικό
κι' από το ανδρικό...

Και σαν γεράκι άρπαξε
μια το Δημητράκη
κι' η ζήλεια μεταδόθηκε
ευθύς στο Βασιλάκη
που ζούσε στο μαρτύριο
και μεσ' στην αγωνία
γεμάτος υποψίες
κι' όλο αμφιβολία...

Τέλος το απεφάσισε
δεν λένε παραπάτησε
και εγκαταλείπει τη Στοά
φίλων αγαπημένων
και πάει να καταταγεί
στο σύλλογο παντρεμένων.

Και χαιρετώντας άφησε
τη φιλική την άβυσσο
και λέει πως ανακάλυψε
κι' εκείνος τον παράδεισο.

Ήταν και αυτό συνέπεια
κι' έπεται η συνέχεια...

Για ν' απολαύσει ασφαλώς
την τόση ευτυχία
χρειάζεται ένας παπάς
να ψαλλ' τον Ησαΐα.

Θα μείνω επιφυλακτικός
δεν έχω τόσο θάρρος
γιατί δεν ξέρω θετικώς
αν θα γίνω κουμπάρος.

Κι' έμεινα τώρα μόνος μου
μαζί με τον κουμπάρο
που κάπως τα κατάφερε
και χάλασε το κάρο.

Εμείς θα μείνουμε πιστοί
στη σάπια κοινωνία
κι' είμαστε πάντα πρόθυμοι
για την κηδεμονία
κι' αν πάντα την παθαίνουμε
ποτέ μας δεν μαθαίνουμε.

Κι' ο μπατζανάκης έμεινε
πιστός εις το πλευρό μας
κι' αν θα κάνουμε χωριό
θα είναι τυχερό μας.

Οι τρεις αποφασίζομεν
σχέδια καταστρώνομε
μα έρχονται περιστάσεις
που μόνοι τα σαρρώνομε.

Όσο και αν ποθεί κανείς·
όσο και αν παλεύει
άλλαι αι βουλαί ανθρώπων
κι' άλλα Θεός κελεύει.

Και τώρα τους ακροατάς
θέλω να ευχαριστήσω
κι' θέλετε τον ποιητή
σε όλους να συστήσω.

16 Σεπτεμβρίου 1960

«Δεν είμεθα δυναμικοί»

Ορμητικά ο άνθρωπος
ύψωσε το ανάστημα
και πάει να κατακτήσει
το αχανές διάστημα.

Κυρίαρχος θέλει να γίνει
στην Οικουμένη όλη
κι' έχασαν τη γαλήνη των
και του ουρανού οι θόλοι.

Και κάθε μέρα θα βρεθεί
κάτι τι παραπάνω
και όλων πια τα βλέμματα
στρέφονται προς τα πάνω.

Η επιστήμη προχωρεί
όχι με βήμα βάδην
αλλά επιτάχυνσην
ανέρχεται τροχάδην.

Μα μπρος στη φύσης το στοιχειό
στης φύσης τη μανία
φαίνεται ολοκάθαρα
του ανθρώπου η αδυναμία.

Ένας σεισμός ή και τυφών
λίγο σαν δυναμώνει
τα ανθρώπου τα επιτεύγματα
εντός λεπτών σαρώνει.

Και τούτο για να αποδειχθεί
όλοι ας το γνωρίζομεν
δεν είμεθα δυναμικοί
όσον ημείς νομίζομεν.

Το μυστικό μου

Όταν θελήσω να στο πω
η καρδιά μου απολιγώνει
και στα ωχρά τα χείλη μου
εκείνη η λέξις λιώνει.

Όταν θελήσω να στο πω
μου κόβεται η αναπνοή μου
και από τον πόνο σπαρταρά
ακόμα και η ψυχή μου.

Κι' αφού στα χείλη σταματά
και από εκεί δεν βγαίνει
γυρίζει πάλι στην καρδιά
στο στήθος κατεβαίνει.

Κι' ενώ αυτό το μυστικό
από το φως γεννάται
στου στήθους μου τη σκοτεινιά
στα βάθη εκεί κοιμάται.

Και την καρδιά μου που την τρώει
ο μαρασμός κι' ο πόνος
τώρα υφαίνει σάβανο
στο πέρασμά του ο χρόνος.

Αφου τόξερες…

Το στήθος μου φουσκώνει

χτυπάει η καρδιά μου

όταν η σκέψης σε φέρνει κοντά μου.

Τα πάντα γύρω μου

χάνουν αξία

όταν εισέλθεις

στη φαντασία.

Στη θύμησή σου

πονώ και υποφέρω

το όνομά σου

γλυκά το προφέρω.

Και η καρδιά μου

στο στήθος θαμμένη

κανείς δεν ξέρει

πως είν’ πληγωμένη.

Αφού το ξέρεις

και δεν την γιατρεύεις

σκότωσέ την

γιατί την παιδεύεις;

Για σένα...

Για σένα ανθίζουν τα κλαδιά
για σένα τα λουλούδια
για σένα ψάλλουν τα πουλιά
μελωδικά τραγούδια.

Για σένα λαμπ' ο Αυγερινός
για σένα η Σελήνη
να σε χαρίζουν ομορφιά
και ψυχική γαλήνη.

Για σε του Μάη η δροσιά
επάνω στα χορτάρια
για τη δική σου ομορφιά
πλέκει μαργαριτάρια.

Για σένα κάθε άνοιξη
θα λιώνουνε τα χιόνια
για σένα θα γυρίζουνε
πάντα τα χελιδόνια.

Για σένα τον Παράδεισο
έχτισαν τ' αγγελούδια
για σένα όλοι οι ποιηταί
γράφουνε τα τραγούδια.

Είσαι το φως μου…

Είσαι η λατρεία
είσαι το φως μου
η μόνη ελπίδα
ο μόνος καημός μου.

Είσαι η πνοή μου
είσαι η ψυχή μου
είσαι το όνειρο
μεσ’ στη ζωή μου.

Είσαι λουλούδι
είσαι αγγελούδι
είσαι ο σκοπός μου
σε κάθε τραγούδι.

Τον δυο ματιών μου
είσαι το φως μου
θα σε λατρεύω
ως τον άλλο κόσμο.

Η ομορφιά σου…

Στον κόσμο τούτο
δεν είναι άλλη
να ξεπερνά
τα δικά σου κάλλη.

Έχεις τα κάλλη
τις Αφροδίτης
τα θέλγητρά σου
είναι μαγνήτης.

Η ομορφιά σου
γκρεμίζει κάστρα
μπροστά σου σβήνουν
και πέφτουν τ' άστρα.

Σ' αυτή τη ζωή
μα και στην άλλη
την ομορφιά σου
η Μούσα θα ψάλλει.

Τα δυο σου μάτια...

Για κείνα αναπναίω
για κείνα ζω
τα δυο σου μάτια
να ξαναδώ.

Τα δυο σου μάτια
τα δυο σου αστέρια
που έχουνε λάμψη
ουράνια αιθέρια.

Τα δυο σου μάτια
που πάντα θυμάμαι
γι' αυτά ξαγρυπνώ
γι' αυτά δεν κοιμάμαι.

Τα δυο σου μάτια
που όταν μου λείπουν
χαρά κι' ευτυχία
για μένα εκλείπουν.

Γι' αυτά τα μάτια
όρκο σου κάνω
για κείνα ζω
γι' αυτά θα πεθάνω.

Στον εαυτό μου

Έλα καημένε εαυτέ
λιγάκι στα καλά σου
προτού στου φύγουνε κι' αυτά
τα λίγα τα μυαλά σου.

Μη βλέπεις τόσο μίζερη
πάντα την κοινωνία
δεν πρόκειται να φέρεις
εσύ την αρμονία.

Αφού το ξέρεις πως εδώ
κανείς δεν ζει αιώνια
πολύ ολίγοι φτάνουνε
τα εκατό τα χρόνια.

Γλέντα λοιπόν τραγούδα
μη χάνεις ούτε ώρα
αν θες στον Άδη να μην πας
πρωτού να σου 'ρθει η ώρα.

Πάψε τ' ανύπαρκτο μυαλό
να το παρασκοτίζεις
και στοίχους κι που περπατάς
πάψε να μουρμουρίζεις.

Ας μη σε νοιάζει τι θα πει
ο Άλφας και ο Βήτας
ούτε αν συμβιβάστηκε
ο Μάο και ο Νικήτας.

Ας μη σε νοιάζει τι θα πει
ο Κένεντυ και ο Κάστρο
ή αν οι Ρώσοι χτύπησαν
κανα καινούργιο άστρο.

Άφησε κατά μέρος
και το βλακώδη στοίχο
προτού αρχίσεις να χτυπάς
την κεφαλή στον τοίχο.

Σαν σήμερα η γυναίκα μου
εδώσαμε το χέρι
με όρκο ο καθένας μας
τ' άλλου να γίνει ταίρι.

Ήταν το εξήντα τρία
Αυγούστου δεκαεπτά
και είμασταν μπατήρηδες
δεν είχαμε λεφτά.

Είχαμε όμως θέληση
αγάπη και ομόνοια
πότε βροχή ή ήλιο
περάσανε τα χρόνια.

Δεν ήξερες τα Αγγλικά
και ρώταγες εμένα
πες μου τί λέει ο δικαστής
εξήγησε και εμένα.

Και εγώ με το πολύ μυαλό
σου είπα τί τα θες
βάλε το χέρι στην καρδιά
και πες ένα yes.

Εγώ δεν το μετάνοιωσα
εσύ όμως τί λες;
Έχεις καμιά αντίρρηση
που μούπες τότε yes;

Λούλουδια εγώ σήμερα
ήθελα να αγοράσω
εσύ όμως πάντα μου λες
λεφτά να μη χαλάσω.

Πάρε λοιπόν λίγα λεφτά
και πάρε ό,τι θέλεις
να φτάσουμε τα εκατό
και ας βάλουμε μασέλες.

Εγώ θα σ' έχω στην καρδιά
άλλα πενήντα χρόνια
και ας γίνει το κεφάλι μου
κάτασπρο σαν τα χιόνια.

Εσύ για μένα αξίζεις
εγώ για σένα τι νομίζεις;

Η περιουσία μου

Ένα αυτοκίνητο βενζινοφάγο
ένα ψυγείο γεμάτο πάγο
ένα φωνόγραφο που ο δίσκος παίζει
έξι καρέκλες και ένα τραπέζι.

Μια τηλεόραση και ένα κρεβάτι
μια θερμάστρα που αξίζει κάτι
ένα ράδιο πολύ θορυβώδες
και έναν τόμο στοίχους βλακώδεις.

Αφιερωμένο στην κόρη μου

Κωνσταντία Τόλιου

Απρίλιος 1970

Των Βαΐων την ημέρα

η δική μ' η θυγατέρα

η δική μ' Κωνσταντία

πήγαινε στην εκκλησία.

Που θα πας μωρέ, που θα πας

θα σε διώξει ο παπάς.

Δεν με διώχνει αυτός μπαμπά μου

κάνε λίγο υπομονή

πριν από 'να μήνα εκείνος

μ' είχε κάνει Χριστιανή.

Δώσε μου μπαμπά παράδες

για ν' ανάψω δυο λαμπάδες.

Το 'δωσα πέντε δολάρια

κι είχε αυτό διπλή χαρά

εις την εκκλησία η κόρη μ'

πήγαινε πρώτη φορά.

Κι όταν βγήκε ο παπάς μας
για να βγάλει ομιλία
η δική μου η Κωνσταντία
πήγε να φωνάξει θεία.

Και θυμώνει ο παπάς
και τη λέει άει στον μπαμπάς σ'.

Φεύγει η κόρη μου θλιμμένη
φεύγει παραπονεμένη.

Αχ δεν άκουγα η δόλια
τον μπαμπάκα τον δικό μου
τα δολάρια με πήραν
και με πέταξαν στον δρόμο.

Πούσε μωρέ Ρωμανίδη
και της εκκλησίας στολίδι
πίστευες στην εκκλησία
πίστευες σ' ορθοδοξία
συ δεν πίστευες στο χρήμα
αχ μας έφυγες τι κρίμα.

Την Παρασκευή το βράδυ
το Νικόλα Αντωνιάδη
γύριζε από το γάλα
κι είχε μια τρανή μπουκάλα.
Περπατούσε ο καημένος
εις το δρόμο ξεγνοιασμένος
να και ένας μεθυσμένος
βγαίνει από 'να κατώγι
τον εβάζει καταπόδι.
Τρέχει ο Νίκος τρέχ' εκείνος,
φθάνουνε σε μια γωνιά
δεν υπάρχ' αστυνομία.
Πιάνονται στην αγκαλιά
με γροθιές και με φιλιά.
Πέρασ' ένας οδηγός
μα δε λέει να σταματήσει
για να μην τους ενοχλήσει.
Σαν τους είδε αγκαλιασμένους
τους πέρασε για ερωτευμένους.
Κάπως όμως μεσ' στην πάλη
την πολύ την παραζάλη
ξεμπερδεύθηκαν τα χέρια
– καλά π' δεν είχανε μαχαίρια –
και ο μεθυσμένος πέφτει
μεσ' στο δρόμο ο καημένος
και ο Νίκος καταφτάνει
εις το σπίτι ιδρωμένος.
Και στο τέλος καταλήξαν
ο μεν εις την φυλακή
ο δε άλλος παραλίγο
να τα κάνει στο βρακί.

29 Ιανουαρίου 1982

Είκοσι και πέντα χρόνια
το Γενάρη με τα χιόνια
ο κουμπάρος κι η κουμπάρα
σμίξανε σαν χελιδόνια.

Και μέσα σε ένα χρόνο
πήγαν κι οι δυό στ' αμπέλι
και κάτω από 'να κούτσουρο
βρήκαν τον Αριστοτέλη.

Και αφού ο Θεός ευλόγησε
ο Τέλης να 'ρθει πρώτα
πήγαν ξανά στ' αμπέλι
και βρήκαν την Παναγιώτα.

Σας εύχομαι να ζήσετε
ν' ασπρίσουν τα μαλάκια
να τα εκατοστήσετε
και με πολλά εγγονάκια.

Και τώρα που θα πάτε
ξανά στη Νέα Υόρκη,
να είστε όλο χάδια
και έρωτες και όρκοι.

Αυτά τα γράφει ο δόλιος
Θεόδωρος ο Τόλιος.
Τιμή μου κι όχι βάρος
που έγινα κουμπάρος.

Ο φτωχός

Δυστυχισμένε μου φτωχέ
μάθε το αν δεν το ξέρεις
εσύ εδώ γεννήθηκες
μόνο να υποφέρεις.

Από τα κάλη της ζωής
πάντοτε να πλανιέσαι
να τ' αποκτήσεις προσπαθείς
και όλο τυρανιέσαι.

Η δόξα και η δύναμις
μεσ' στη ζωή ετούτη
ανοίκους εις εκείνους
που έχουνε τα πλούτη.

Αφού για σένα η ζωή
είν' όλο καταιγίδα
έχεις ως μόνο στήριγμα
την άγκυρα «ελπίδα».

Λένε αν στη ζωή αυτή
έχεις αποτυχία
μη φοβηθείς στην άλλη εσύ
θα βρείς την ευτυχία.

Ας υποφέρεις τώρα εδώ
ας ζεις με αγωνία
εσύ θα αποκτήσεις
ζωήν την αιωνίαν.

Κι αν χρειασθεί το αίμα σου
να βγάλεις το ψωμί σου
κι αυτο πρέπει να γίνει
να σώσεις την ψυχή σου.

Για σένα ετοιμάζονται
ανθοσπαρμένοι κήποι
εκεί θα λείψει ο στεναγμός
ο πόνος και η λύπη.

Με τους αγγέλους συντροφιά
θα ψάλλεις υμνωδίες
και θα ξεχάσεις της ζωής
αυτής τις τραγωδίες.

Και αν της φτώχειας τώρα εσύ
φτωχέ είσαι το θύμα
μια μέρα ο παράδεισος
δικό σου θάναι κτήμα.

Αυτά και τόσα άλλα
σου λένε παραμύθια
και σου φουσκώνουν το μυαλό
και εσύ θαρρείς αλήθεια.

Αφού πεντάρα εδώ στη γη
δεν έχεις τσακισμένη
η ίδια η τύχη
κι εκεί σε περιμένει.

Προτού να φύγεις απ 'εδώ
στην άβυσσο να πας
αν δεν πληρώσεις δεν θα 'ρθει
στον τάφο σου παπάς.

Με δίχως χρήμα δεν θα δεις
λιβάνι και λαμπάδες
δε θα σε μνημονεύουνε
Δέσποτας και παπάδες.

Μόνον αν είσαι βασιλιάς
μεγάλος δωρητής
έχεις στα χέρια δύναμη
είσαι κατακτητής.

Τότε σε μνημονεύουνε
όλοι οι ιεράρχαι
και διάκοι και παπάδες
και αυτοί οι πατριάρχαι.

Τότε πια θεωρήσαι
τέκνον ευλογημένον
σε μνημονεύουν ζωντανό
κι αν θες και πεθαμένον.

Σήμερα η Παναγιώτα
τελειών' το Haverhill High
Και μέσα σε λίγες μήνες
στο κολέγιο θα πάει
και η Πανάγιω η γιαγιά της
που την πήρε τ' όνομα της
εις στα σύννεφα πετάει.

Και η γιαγιά της η Σοφία
κι ο παππούς της ο Κοσμάς
καμαρώνουν και λένε
να 'ταν κι άλλοι σαν και εμάς.

Και ο άλλος ο παππούλης
που τον πήρε ο Θεούλης
από εκεί ψηλά αντικρίζει
και αυτός πανηγυρίζει.

Ο μπαμπάς της κι η μαμά της
έχουν χαρά μεγάλη
που στον κόσμο δεν είναι άλλη
και η Παναγιώτα πήρε
της μαμάς της όλα τα κάλη.

Δυό μάτια σαν αστέρια
και χρυσά τα δυό της χέρια
βελούδινα χείλη
και αφράτη επιδερμίδα
έχει όψη αγγελική

τη φαντάζομαι στο Prom
με Ολυμπιακή χλαμύδα
σαν αρχαία ελληνίδα
όλα αυτά plus in addition
έχει sunny disposition.

Η Παναγιώτα τελειώνει
κι η νουνά την καμαρώνει
μα έλα που δεν είναι εδώ
και αυτό μας βαλαντώνει
πήγε στην Washington
για να δει τον Reagan Ronnie.

Σήμερα Παναγιωτίτσα
είναι μέγα γεγονός
την ευχή του θα σε δώσει
με ένα στοίχο ο νουνός.

Να 'σαι πάντα ευτυχισμένη
να πετύχεις όπου πας
και τα μάτια να χύνουν
μόνο δάκρυα χαράς.

Αυτά τα γράφει
ο δόλιος
Θεόδωρος ο Τόλιος.

Δεν είμαι από το Boston
Νέα Υόρκη ή Hartford
είμαι από το Hyatt
που βρίσκεται στο Bradford.

Θέλω να είμαι ελεύθερος

Δεν θέλω νάμαι Έλληνας
ούτε Αμερικάνος
ούτε Δημοκρατικός
ούτε Ρεμπουμπλικάνος.

Δεν θέλω νάμαι Βούλγαρος
ή Τούρκος ή Εγγλέζος
δεν θέλω νάμαι Ιταλός
ή Ρώσος ή Κινέζος.

Δεν θέλω να εκλέγω εγώ
ποιός να με κυβερνάει
να βλάζω έναν κηφήνα
για να καλοπερνάει.

Να κάνω εγώ με το στανιό
εκείνον ό,τι καπνίσει
να πάω εγώ να σκοτωθώ
εκείνος για να ζήσει.

Να πάω εγώ στον πόλεμο
επάνω στα καλά μου
φαρδιά πλατιά ν' αφήσω
κάπου τα κόκαλά μου.

Δεν θέλω εκείνος να μου λέει
τι πρέπει εγώ να κάνω
τι πρέπει να πιστεύω
και πότε να πεθάνω.

Να μη με νοιάζει τι θα πει
ο άλφας και ο βήτας
ούτε αν συμβιβάστηκε ο Γιάννης και ο Νικήτας.

Δεν θέλω να πεθάνω εγώ
για πλούτη και για δόξα
πολιτικών ιδέες
και κάθε άλλη λόξα.

Θέλω να είμαι ελεύθερος
χατίρι θέλω ένα
να ορίζω εγώ το Θόδωρο
και ο Θόδωρος εμένα.

Η νύχτα

Σαν έρχεται η νύχτα
και το σκοτάδι απλώνεται
παντού γαλήνη επικρατεί
το παν γύρω νεκρώνεται.

Πως με τρομάζει η σκοτεινιά
τι φρίκη είναι τα βράδια
και τα άσπρα μαύρα φαίνονται
στις νύχτας τα σκοτάδια.

Μόλις νυχτώσει τα πουλιά
πηγαίνουν στην φωλιά τους
κι οι κλέφτες ετοιμάζονται
να πάνε στην δουλειά τους.

Οι κότες κακαρίζουνε
και το σκυλί γαυγίζει
τους ορνιθώνας αλεπού
τη νύχτα καθαρίζει.

Κι ο λύκος περιμένει
να πέσει το σκοτάδι
να κάνει το γιουρούσι του
και εκείνος στο κοπάδι.

Τη νύχτα μανταλώνονται
παράθυρα και πόρτες
τη νύχτα ονειροπωλούν
ανύπαντρες και χήρες.

Ακόμα και ο έρωτας
τη νύχτα άνθη δρέπει
παρόλον που είναι αόματος
όμως τη νύχτα βλέπει...

Όταν ο ουρανός βροντά
αστράφτει και μουγκρίζει
αρχίζει σιγοβρέχει
και ο βοριάς σφυρίζει
και εις το τζάμι η βροχή
χτυπά σαν ψιχαλίζει.

Και στο ζεστό κρεβάτι σου
κοιμάσαι τυλιγμένος
ώ, πόσο τότε αισθάνεσαι
πως είσαι ευτυχισμένος.

Και όταν στην φύση απλώνεται
γαλήνια σιγή
και του στοιχειού περάσει
η άγρια οργή.

Στης νύχτας τη ρομαντική
την τόση σιγαλιά
οι νιόπαντρες στον έρωτα
μεθούν τα φιλιά
και σπαρταρούν στη δροσερή
γαμπρών την αγκαλιά.

Μ' αγώνες τέτοιου είδους
και παρομοίους τρόπους
νύχτα ποιούσι οι άνθρωποι
τους άλλους του ανθρώπους.

Με συγχωρείτε πάντως
δι' εκφράσεις σαν κι αυτάς
μα όμως επιτρέπονται
όλα στους ποιητάς.

Εις την ξετσιπωσιά μου
δε μου περνά ούτε όνος
και είπε ένας ποιητής
του περασμένου αιώνος.

«Αν δεν υπήρχε το τυφλό
παιδί της Αφροδίτης
που για να ζήσεις σήμερα
πρεπ' να 'σαι τραπεζίτης
γυναίκα εις τα μάτια τους
δε θα 'βλεπαν ποτέ
οι αφελείς φιλόσοφοι
καθώς και οι ποιηταί».

Στη Chevrolet IMPALA (MAKE 1964)

Καημένε μου IMPALA
μην πας να φθάσεις τ' άλλα
τα χρόνια έχουν περάσει
και έχεις πια γεράσει.

Στις εκατό χιλιάδες
τα μίλια έχουν φθάσει
και το σασμάν το δύστυχο
κοντεύει να σου σπάσει.

Τα λάδια και οι βενζίνες
σου φεύγουνε σαν βρύση
λες κι είσαι κάνα θυληκό
στη μηναία ρύση.

Στην πόρτα σε χτύπησε
ένα σαραβαλάκι
δε σε καλύπτει όμως
ο νόμος του Δουκάκη.

Οι ρόδες φαγωθήκαν
οι κύλινδροι καήκαν
η μηχανή μουγκρίζει
το φρένο σφυρίζει
και δεν αξίζεις τώρα
ούτε μια κούπα ρύζι.

Βοήθαμε Μούσα Ερατώ
να γράψω ένα στίχο
γιατί πάω να τρελαθώ
κοιτάζοντας τον τοίχο.

Όλος ο κόσμος ξέρει
πριν από 8 βδομάδες
πως έσπασα το χέρι.

Μ' ένα χέρι μαγειρεύω
μ' ένα χέρι εγώ δουλεύω
μ' ένα χέρι και χαϊδεύω
δεν μπορώ να αγκαλιάσω
αχ και μ' έρχεται να σκάσω.

Έφυγες για την Αγγλία
και εγώ μαζί και η Dena πήγαμε στην εκκλησία
πήγα για να πάρω βάγια
και να προσκυνήσω τα άγια.

Το θυμιατό ο παπάς κουνάει
μα το χέρι μου πονάει
και την Κυριακή το βράδυ
πήγα πάλι εκκλησία, εχ' μεγάλη σημασία!
Προσευχήθηκα για σένα
όμως και για την Αγνούλα
που είστε και οι δυο στα ξένα.

Ήταν δέκα οι παρθένες
πέντε ήταν έξυπνες πέντε αφηρημένες.

Το θυμιατό ο παπάς κουνάει
μα το χέρι μου πονάει.
Όχι μόνο Κυριακή
τη Δευτέρα πάλι εκεί.

Ρώτησαν λένε τον Χριστό
και αυτό είναι γραφτό.

Επτά αδέρφια μια γυναίκα
είχαν λένε συνουσία
και ποιανού γυναίκα θάναι
στη δευτέρα παρουσία.

Και ο Χριστός είπε:

Μία είναι η ουσία
στον παρόντα κόσμο δεν υπάρχει αθανασία
και στον άλλο κόσμο
δεν υπάρχει συνουσία.

Όσοι πρόλαβαν εδώ θάναι όλοι κερδισμένοι
μα όσοι είναι αδρανείς
και εδώ και στον άλλο κόσμο
θα βγούν λένε ζημιωμένοι.

Το θυμιατό ο παπάς κουνάει
μα το χέρι μου πονάει.

Τρίτη βράδυ πήγα πάλι να προσευχηθώ για σένα
που είσαι μακριά στα ξένα.

Πήγα για ν' ακούσω της Κασσιανής τον πόνο
που για μια βλακεία έχασε
το βασιλικό τον θρόνο.

Το θυμιατό ο παπάς κουνάει
μα το χέρι μου πονάει.

Πήγα την Τετάρτη βράδυ
κι έβαλε ο παπάς στο χέρι λάδι.

Ο Ιάκωβος μου λέγει
πως με λάδι και ευχή
και με ταπεινοφροσύνη
σε βοηθάει η προσευχή.

Το θυμιατό ο παπάς κουνάει
και ιδού κάπως ο πόνος
άρχισε να με περνάει.

Δόξα νάχει ο Χριστός
γιατί λεν' θ' ανταμειφθεί
όποιος πράγματι ειν' πιστός.

Πήγα πάλι και την Πέμπτη
λίγο να προσευχηθώ
και άκουσα τα αργύρια
που λήσαν τον Χριστό.

Είπανε και λεν το χρήμα

είναι θέσπισμα κακό

μα χωρίς αυτό δεν κάνεις βήμα

σ' αυτό τον κόσμο τον πεζό.

Πήγα την Παρασκευή

για να ειδώ τι θα συμβεί.

Με κατάνυξη μεγάλη μου θολώσαν τα μυαλα

όταν άκουσα τον Παύλο να μιλά.

Εξηγόρασε ημάς ο Χριστός απ' την κατάρα

γενόμενος ο ίδιος κατάρα.

Ο διάβολος έγινε καπνός

το κράτος του έγινε αντάρα.

Επάνω στο σταυρό ο Χριστός υπέφερε με πόνο

συγχώρεσε όμως τους εχθρούς γιατί δεν είχε φθόνο.

Και το Σάββατο το βράδυ

βαθιά πρωΐα Κυριακή

πήγα ξανά για όλους σας να κάνω προσευχή.

Η εκκλησία ήτανε κατάμεστη με άνθη

με ρίγος και κατάνυξη άκουσα τον Ιωάννη να λέγει

Ανέστη ο Χριστός

ο Άδης επικράνθη.

Αγάπη δίδαξε ο Χριστός και εγώ θα σ' αγαπώ
έως ότου βγει η ψυχή μου δεν θα σ΄απαρνηθώ.

Σε περιμένω σήμερα
με ανοιχτή αγκαλιά
γιατί το χαμόγελό σου
μ' ανοίγει την καρδιά.

Προσπάθησα αγάπη μου
να σου γράψω ένα στίχο
but I give up
δεν μπορώ να τον πετύχω.

Δεν μπορώ να σου γράψω
ποιήματα και τραγούδια
σου φέρνω την αγάπη μου
και μια αγκαλιά λουλούδια.

You are invincible

Χριστός Ανέστη

I love you

Μινούσιας

I missed you immensely.
Don't leave me again
unless it is for the girls
and the boys.

Η Αγνούλα στο Λονδίνο
η Κωνσταντία στη Βοστώνη
και εμείς οι δύο λένε
τώρα μείναμε μόνοι.

Ούτε σκύλο ούτε γάτα
εσύ μαγειρεύεις εγώ τα πιάτα.

Εγώ έχω εσένα, εσύ έχεις εμένα.
Δεν είμαστε μόνοι
λεμονάδα κάνουμε απ' το λεμόνι.

Εσύ τον κήπο εγώ το χορτάρι
ο διάβολος να το πάρει
εσύ τα φώτα εγώ το χιόνι
ποιός λέει ότι είμαστε μόνοι.

Μαζί στο σπίτι, μαζί στη δουλειά
μαζί μου βρήκες τρανό μπελιά.

Από κοντά σου δεν φεύγω ρούπι σιαπέρα
αν και με στέλνεις στο διάβολο
δέκα φορές την ημέρα.

Απορρώ τι σου κάνω και όλα τα δέχεσαι
απορρώ και ρωτώ γιατί με ανέχεσαι.

Σ' αγάπησα σ'αγαπώ και θα σ'αγαπώ ακόμα
και ας μου λες να κλείσω το άθυρο στόμα.

Δεν φοβάμαι κακό
όταν έχω δίπλα μου την Ερατώ.

Ο Παύλος είπε
εί Χριστός εστί μεθ' εμού
τις εστί καθ' εμού;

εγώ λέγω
εί Χριστός και Ερατώ έσονται μεθ' εμού
ουδείς εστί κατ' εμού.

Ας λέει ο κόσμος πώς είμαστε μόνοι
η αγάπη μας λιώνει και το χιόνι.

Πρωτού το γήρας το σώμα μας κάμψει
άσε τα πιάτα και πάμε να δούμε
Καλημέρα Ζωή μαζί και την Λάμψη.

You are invincible
Merry Christmas
Μινούσιας

Λέγαν κάποτε οι αρχαίοι
οι ψηλοί και οι Ζακχαίοι
πως του κόσμου όλοι οι δρόμοι
πάντα οδηγούν στην Ρώμη.
Μα εγώ διαφωνώ
στο δικό μας τον καιρό
και μαζί μου συμφωνούν
του κόσμου όλοι οι ειδικοί
πως του κόσμου όλοι οι δρόμοι
πάνε στην Αμερική.
Έφυγα απ' το Τσιράκη
όταν ήμουνα παιδί
γιατί ήμουν τυχερός
και τη γλύτωσα φθηνά
πήγα σ' ένα λασποχώρι
που το λένε Γρεβενά.
Με την πάροδο του χρόνου
τα κατάφερα εκεί
και χωρίς να καταλάβω
ήρθα στην Αμερική.
Έφυγε ο Μήτσιος Νούκας
στο Τσοτύλι πάει και ζει
είναι ένα τρανό χωριό
κακό μάτι μην το δει.
Φωτογράφος στο επάγγελμα
στο Τσοτύλι εξασκεί
και στο τέλος και εκείνος
φθάνει στην Αμερική.

Και ο Κώστας Νούκας ξεκινάει
για το Μπίσιοβο να πάει
όπως τον λαλούν χωρεύει
και σιγά σιγά τραβά
δυο ελιές και λίγο μπάτζιο είχε μέσα στον τροβά
του 'δωσα και δυο τσαρούχια
να περάσει τον χειμώνα
και ως την άνοιξη του είπα
θα κερδίσει τον αγώνα.
Πέρασε όμως ο χειμώνας
παγωνιά και αγωνία
και πρωτού να καταλάβει
βρέθηκε στην Αλβανία
και εκείθεν στην Ρωσία.
Σαν τον Οδυσσέα ο δόλιος
επλανήθει εδώ και εκεί
και στο τέλος και εκείνος
φθάνει στην Αμερική.
Όποιος φεύγει απ' το Τσιράκι
πρέπει να το προσδοκεί
όποιον δρόμο και αν θα πάρει
βγαίνει στην Αμερική.

Μόλις άκουσε η Ερατώ
αρραβωνιάστηκε ο Πόπη
πήγε από τη χαρά της
να το πει και στο δεσπότη.

Πήρε ένα κερί ν' ανάψει
και έδωσε φωτιά στη γούνα
παραλίγο να την κάψει.

Σήμερα Μαΐου οκτώ
Πάσχα το ελληνικό
Μέγα γεγονός τουτ' εστί
σήμερα Χριστός Ανέστη.

Βάλτε μας κρασί να πιούμε
τα παιδιά να ευχηθούμε.

Νάχουνε καλή ζωή
όλο γέλια και τραγούδια
και στο δρόμο της ζωής των
να ανθίζουνε λουλούδια.

Κάτσε Νίκο να τα πιούμε
έλα Charlie να τα πούμε
τα παιδιά να ευχηθούμε
και παππούδες να γινούμε.

Η Ραλίτσα και η Μορφούλα
είναι τώρα συμπεθέρες
δύο καλές νοικοκυρές
είναι δε και χρυσοχέρες.

Και βρακιά φορούνε τρία
γιατί δεν χωράει αστεία
από την πολύ χαρά τους
θα τα κάνουν στα βρακιά τους.

Η Ραλίτσα τραγουδάει
γέλια όλη την ημέρα
και η Μορφούλα σκουμπωμένη
φκιάνει πίτες κάθε μέρα.

Αυτά τα γράφει ο δόλιος
Θεόδωρος ο Τόλιος

Δεν είμαι από το Boston
Νέα Υόρκη ή Hartford
είμαι από το Hyatt
που βρίσκεται στο Bradford.

Αθόρυβα και όλως
Θεόδωρος ο Τόλιος.

Στους αστροναύτας

Ο νους μου σκοτεινιάζει
θολώνει η φαντασία
βλέποντας την Αμερική
κι εκείνη την Ρωσία
συνέχεια να στέλνουνε
πυραύλους στους αιθέρας
και παν να κατακτήσουν
κι οι δυο καινούργιας σφαίρας.
Έστησαν ένα πύραυλο
οι Ρώσοι στο φεγγάρι
και τώρα εξακόντισαν
και άλλον προς τον Άρη.
Ούχ ήττον και οι Δυτικοί
στείλανε άλλους τόσους
μα είναι πιο ρομαντικοί
φαίνεται από τους Ρώσους.
Και βάλανε ως στόχο τους
πασίγνωστο πλανήτη
που φέρει όνομα θεάς
τον λένε Αφροδίτη.
Σε ‘κείνο τον απάτητο
μυστήριο αστέρα
έστησε το παλάτι της
του Έρωτα η μητέρα.
Σε ‘κείνο το ρομαντικό
αιθέριο πλανήτη
χιλιάδες κόρες θάχει
τώρα η Αφροδίτη.

Χαρά στους αστροναύτες
που πρώτοι εκεί θα φθάσουν
και αν την αποστολή τους
αμέσως την ξεχάσουν
προς τούτο θάναι άψογοι
και δικαιολογημένοι
γιατί σε χέρια γυναικών
θα πέσουν οι καημένοι.
Εκεί τα αιθέρια πλάσματα
οι άυλες νεράιδες
– π' όλα τα κάλλη τάχουν –
εκεί είναι κάτι εξωτικά
ποτέ σου δεν ξανάειδες
– διότι δεν υπάρχουν. –
Μέσα σε γάργαρα νερά
λούονται νύχτα μέρα
δεν τα λερώνουν σαν και μας
γιατί δεν έχουν λέρα.
Εκεί οι ξανθομάλλες
εκεί οι μαυρομάτες
εκεί οι αγγελικές μορφές
εκεί οι γαλανομάτες
μ' αφράτη επιδερμίδα
κι ολόξανθα μαλλιά
σ' αφήνουνε εμβρόντητο
σου παίρνουν την λαλιά
πυρακτωμένα χείλη
και λυγερά κορμιά
ω προς Θεού, αστροναύτες
στείλτε και εδώ καμιά.

Για σας είναι η δόξα
σε τούτο τον πλανήτη
για σας και οι νεράιδες
είναι στην Αφροδίτη.
Θα πείτε πώς το ξέρω εγώ
τί είναι στα ουράνια;
Πήγα με την διάνοια.

Είκοσι και πέντα χρόνια
το Γενάρη με τα χιόνια
ο κουμπάρος κι η κουμπάρα
σμίξανε σαν χελιδόνια.

Πριν από είκοσι και πέντα χρόνια
δώσαν και οι δυο το χέρι
και ορκίστηκαν ο ένας
τ' άλλου να γίνουνε ταίρι.

Και ύστερα από ένα χρόνο
πήγαν κι οι δυο στ' αμπέλι
και κάτω από 'να κούτσουρο
βρήκαν τον Αριστοτέλη.

Αφού ο Θεός ευλόγησε
κι ο Τέλης ήρθε πρώτα
πήγαν ξανά στ' αμπέλι
και βρήκαν την Παναγιώτα.

Και ύστερα ξεχάσανε
πως κάνουνε παιδιά
το βάλαν στην ασφάλεια
και χάσαν τα κλειδιά.

Είκοσι και πέντε χρόνια
χάδια, αγκάλη και φιλιά
κι ο κουμπάρος έχει χάσει
τα μισά του τα μαλλιά.

Όσα φύγαν δεν γυρίσαν
και όσα έμειναν ασπρίσαν.

Πριν από 25 χρόνια
ήρθα στην Αμερική
απ' την πατρίδα την Ελλάδα
την τρανή και ιστορική.

Με έφερε ο Κώστας Λάζος
της μαμάς μου ο αδερφός
και εύχομαι να του χαρίζει
το ό,τι θέλει, ο Θεός.

Απ' Ελλάδα Νέα Υόρκη
με το πλοίο κατευθείαν
με τον Paul τον Σταμουλάκη
και εξαδέρφη Ευανθία.

Νοεμβρίου ήταν 5η
ημέρα ήτανε Δευτέρα
και απ' την Νέα Υόρκη
ήλθα εδώ την ίδια ημέρα.

Και ο θείος μου στο δρόμο
βγήκε να μ' υποδεχθεί
πρώτη μου φορά τον είδα
και είχα συγκινηθεί.

Νοεμβρίου δεκατρείς
πήγα στη δουλειά μου πρώτα
και την ημερομηνία εκείνη
εγεννήθει η Παναγιώτα.

Εις στο εργοστάσιο πήγα
για να γίνω παπουτσής
μα η μοίρα μου το είχε
για να γίνω κομμωτής.

Εκεί γνώρισα τους φίλους
τον Θανάση τον κουμπάρο
τον Δημήτρη, Αρχιμήδης
και Βασίλη τον κουμπάρο.

Γνώρισα τον Τέλη Κάσσο
που 28 Οκτωβρίου 1980
έφυγε ο μακαρίτης
απ' τον κόσμο τον παρόντα.

Ήταν πάντα ήπιος
είχε ψυχική γαλήνη
ήτανε φιλόθεος
είχε στην καρδιά ειρήνη.

Γνώρισα και την κουμπάρα
την μεγάλη την Πανάγιω
και αυτή η θεία Πανάγιω
με έδιναν πάντα κουράγιο.

Και μετά από δύο χρόνια
μ' έκαναν και πατριώτη
στην καινούργια την πατρίδα
και με πήραν στρατιώτη.

Κι όταν γύρισα ξανά
έφυγα από παπουτσής
και επήγα στο σχολείο
για να γίνω κομμωτής.

Όμως το εξήντα τρία
γνώρισα την Ερατώ
ανιψιά του Charlie Chatta
έτσι ήτανε γραφτό.

Και πρωτού ακόμα συνέλθω
από τον έρωτα ο καημένος
μέσα σε δύο μήνες
βρέθηκα και παντρεμένος.

Που την έκανα δική μου
ποτέ δεν το μετάνοιωσα
έχω χάσει τα μαλλιά μου
όμως την καρδιά ξανάνιωσα.

Κάναμε δυο αγγελούδια
που για μας είναι λουλούδια
αχ να μπόραγα ο δόλιος
θα τα έγραφα τραγούδια.

Είκοσι μία Νοεμβρίου
το έτος του εξήντα έξι
μας γεννήθηκε η Αγνούλα
και για μένα είχε φέξει.

Κι ύστερα από δύο χρόνια
Σεπτεμβρίου δεκατρείς
εγεννήθη η Κωνσταντία
και εγώ πηδώ στις τρεις.

Το 'χω όμως για καμάρι
και τις τρεις εγώ λατρεύω
και σε όλη τη ζωή μου
για εκείνες θα δουλεύω.

Η γυναίκα μου Ερατώ
είναι αινηγματική
έχει θηλυκό μυαλό
είναι αποφασιστική.

Δεν πατάει σε σάπιο ξύλο
σταθερό της κάθε βήμα
αν θα ήμουν ποιητής
θα την έγγραφα ένα ποίημα.

Είναι πάντα άγρυπνη
η δουλειά δεν την φοβίζει
κι ό,τι θέλει να αγοράσει
της το λέω την αξίζει.

Ή τον κήπο θα ποτίζει
ή το χόρτο θα θερίζει
ή το σπίτι μπογιατίζει
ή το χιόνι καθαρίζει
πότε κάνει υδραυλικά
πότε κάνει ηλεκτρικά
κάνει και μαραγκοσύνη
πάει και στα νοσοκομεία
κάνει και ελεημοσύνη.

Αν και εξυπηρετεί
όλα τα αλλότρια
τρεις ημέρες τη βδομάδα
είναι και κομμώτρια.

Στη συζυγική ζωή της
είναι άμεμπτη πολύ
και ας λέει ο Αντωνιάδης
ότι δεν είναι ψηλή.

Προστατεύει τα παιδιά της
είναι μια πρώτης μάνα
και μπροστά της δεν αξίζω
εγώ ούτε μία μπανάνα.

Όλα όσα έχω κάνει
τάχω με την Ερατώ
και το θέιο μου τον Κώστα
πάντα τον ευχαριστώ.

Και το θείο μας τον Chatta
του χρωστώ ευγνωμωσύνη
που ‘χε πάντα στην καρδιά του
δίκαιο και καλοσύνη.

Είκοσι και πέντα χρόνια
είμαι τώρα εδώ πέρα
δεν το έχω μετανιώσει
όμως ούτε μία μερα.

Όπου κ’ αν πάω κ’ αν βρεθώ
ό,τι και αν θα κάνω
εγώ σ’ αυτή τη χώρα
θα ζήσω θα πεθάνω.

February 10th 1982

Του Χαρμπίλα η Χριστίνα
που μας ήρθε απ' την Αθήνα
και μας λέει στην Ελλάδα
όλοι τα περνάνε φίνα.

Θέλει να μας πάρ το Γιάννη
να τον πάει στην Ελλάδα
και όλο μας τον κολακεύει
κοπλιμέντα λέει αράδα.
Πάμε Γιάννη στην Αθήνα
πάμε θα περνούμε φίνα
πάμε στην Ελλάδα Γιάννη
μα εκείνος συλλογιέται άμα πάει τι θα κάνει.

΄Ασε με σου λέω γυναίκα
στην Ελλάδα εγώ δεν πάω
και εδώ σ' αυτή τη χώρα
σαν καλά εγώ περνάω.

Μα εκείνη επιμένει
και από τον νού της δεν την βγαίνει.

Πάμε Γιάννη στην πατρίδα
και θα τρώμε όλο γαρίδα,
πότε στα Καλά Νερά,
άλλοτε στη Βουλιαγμένη
θα περνούμε μια χαρά
πάντοτε αγκαλιασμένοι.

Ένα Σάββατο βραδάκι
είχαν λίγο φασαρία
και την Κυριακή πρωί
πήγανε στην εκκλησία.

Και όταν πήγε η Χριστίνα
να ανάψει ένα αγιοκέρι
βρέθηκε στο πάτωμα
κι' έσπασε το ένα χέρι.

Φαίνεται είχε στο μυαλό της
ή τον ψάλτη ή τον παππά
την τιμώρησε ο Θεούλης
που κοιτούσε από ψηλά.

Πέφτει σαν αεροπλάνο
με τα πόδια της επάνω.

Εικοσιτέσσρις Γενάρη
ήταν μέρα Κυριακή
και η Χριστίνα είχε ξεχάσει
να φορέσει το βρακί.

Σκανταλίστηκε ο παππάς
σκανταλίστηκε ο Δεσπότης
μα ο Γιάννης απεδείχθει
ένας τέλειος ιππότης,
την πέρνει αγκαλιά
και της δίνει δυο φιλιά.

Την επήγε στους γιατρούς
της εδέσανε το χέρι
τώρα η δόλια περιμένει
πότε να 'ρθει καλοκαίρι.

Μ' ένα χέρι μαγειρεύει
μ'ενα χέρι και χαϊδεύει
δεν μπορεί να αγκαλιάσει
και την έρχεται να σκάσει.

Της κουμπάρας τα μαλλιά
ούτε καν έχουν ασπρίσει
μόνο από το κακό τους
έχουν λίγο κοκκινίσει.

Πήγανε στην Florida
στα είκοσ' πέντε χρόνια
να αποφύγουν τη βροχή
το κρύο και τα χιόνια.

Πώς έτυχε και πήγανε
όμως στην εποχή
εμείς είχαμε ήλιο
και αυτοί είχαν βροχή.

Γέμισαν με βροχής νερό
κουμπάρου τα υποδήματα
και βρήκα εγώ αιτία
για να τον γράψω ποιήματα.

Θα βγαζαν τα πόδια ρίζες
εκεί κάτω μακριά
εάν μεσ' τα παπούτσια του
είχε λίγο κοπριά.

Πλατς, πλουτς ο φουκαράς
περπατούσε σαν ψαράς.

Στο φινάλε τελικά
βρήκε ο κουμπάρος λύση
δυο σακούλια πλαστικά.

Στα είκοσι και πέντα χρόνια
το γαμήλιο ταξίδι
παραλίγο τον κουμπάρο
να τον βγει ξύδι.

Πήρανε και τα μαγιό
λίγο εκεί για να μαυρίσουν
και τους ήρθαν βολικά
στη βροχή να κολυμπήσουν.

Η κουμπάρα η Βιργινή
η μάνα του Αριστοτέλη
λέει οτι το ταξίδι
ήταν ζάχαρη και μέλι.

Σας εύχομαι να ζήσετε
αμέτρητα τα χρόνια
να είστε πάντα ευτυχείς
και πολλά εγγόνια.

Τα μανίκια σκουμπωμένα
τα ριβέρια ως το γόνα
συνεχίστε τον αγώνα
το πιο τεργιαστό ζευγάρι
εις τον εικοστό αιώνα.

Αυτά τα γράφει ο δόλιος
Θεόδωρος ο Τόλιος.

Τιμή μου και όχι βάρος
που έγινα κουμπάρος.

Σήμερα γάμος γίνεται στο σπίτι του Παρδάλη
παντρεύεται η κόρη τους θα γίν' χαρά μεγάλη.

Παντρεύεται η Μαργαρώ και ποιος στη χάρη
περν' ένα παλικάρι
τον Άρη τον Βολιότη
όχι τον Βελουχιώτη.

Παντρεύεται η Μαργαρώ
και βγαίνει απ' την αράδα
θα φύγει όμως μακριά
θα πάει στην Ελλάδα.

Η Αντιγόνη όλο κλαίει
κλαίει κλαίει από χαρά
γιατί σήμερα θα γίνει
πεθερά πρώτη φορά
έχει ανοίξει τα φτερά
και στους ουρανούς πετά.

Ο κουμπάρος καμαρώνει
τα του γάμου τα πληρώνει.

19 είναι Αυγούστου
είναι ημέρα Κυριακή
πιείτε λέει μπύρα και ούζο
μας ζητάει όμως ρακί.

Είναι λίγο ζαλισμένος
από τη χαρά ο καημένος.

Στο χορό είναι πάντα πρώτος
και τάκανε όλα αντάρα
όπως λεν' και στο χωριό τους
όπου κοπριά και αυτός μαντάρα
και χορεύει το τσιφτετέλι
ντιπ σαν το Μιρμιγγέλη.

Και ο κουμπάρος ο γιατρός
που δυο κορμιά ενώνει
να είναι πάντα άξιος
και όλο να στεφανώνει.

Τι τυχερό ζευγάρι
τι ομορφιά τι νιότης
ψάλλει ζερβά ο Μπινέλας
δεξιά ο Παναγιώτης.

Και του πατρός του Τσουκαλά
η αγγελική φωνή
θα αντιλαλούν οι θόλοι
θα ηχούν οι ουρανοί.

Α! δεν μπορώ
θα δώσω μια ευχή στον Άρη και στην Μαργαρώ.

Σήμερα όπου γίνονται τα άγια στέφανά σας
καλή ώρα κι εύχομαι η Παναγιά κοντά σας.

Στέφανα καλά ευχόμαστε στο όμορφο ζευγάρι
στη Rita και στον Άρη με του Θεού την χάρη.

Την ευτυχία συντροφιά και πάντα αγαπημένη
στο δρόμο να βαδίζετε χαρούμενοι ενωμένοι.

Μεσ' την καρδιά σας πάντοτε η αγάπη να φωλιάζει
και η πίκρα να είναι άγνωστη σαυτούς που τους ταιριάζει.

Άγγελο πάντοτε ο Θεός προστάτη να σας δίνει
στον ίσκιο σας ξεκούραστη να στέκει η καλοσύνη.

Ανθόσπαρτος ο βίος σας στα χείλη να ανθίζει
από χαράς χαμόγελο η καρδιά να πλημμυρίζει.

Γύρω σας μόνο να πετούν πουλιά και πεταλούδες
κι η πεθεροί και οι πεθερές να γίνουν καλοί παππούδες.

Στους ευτυχείς και αγαπητούς γονείς να ευχηθούμε
και σ' άλλα στεφανώματα να συμπαρασταθούμε.

Να αξιώσει ο Θεός να δούνε τα παιδιά τους
ευτυχισμένα όπως ποθούν και θέλει η καρδιά τους.

Να τους χαρίσει ο Θεός με υγεία πολλά χρόνια
να καμαρώσουνε παιδιά εγγόνια δισέγγονα.

Κάθε ευτυχία ευχόμαστε στο ταιριαστό ζευγάρι
στον Άρη και στην Μαργαρώ με του Θεού την χάρη.

Σε όσους είναι ανύπαντροι σας δίνω μια ευχή
να βρείτε όλοι το ταίρι σας και εμείς καλή ψυχή.

Στη μαμά μου

Σαν σήμερα μανούλα μου
πριν από ένα χρόνο
στον κόσμο αυτό μου έφερες
με βάσανα και πόνο.

Ο μήνας είχε δεκατρείς
ήταν Παρασκευή
και συ πολύ το ήθελες
να γίνω εγώ παιδί.

Κι αν τότε εγώ σου έδωσα
ολίγη στεναχώρια,
δεν μου αλλάζεις σήμερα
ούτε με δέκα αγόρια.

Ψιθυριστά γλυκά-γλυκά
μου είπε ο πατέρας
για σένα είναι σήμερα
η μέρα της Μητέρας.

Εγώ είμαι το μικρότερο
απ΄τα δυο σου αγγελούδια
και σούφερα μαμάκα μου
μια αγκαλιά λουλούδια.

Κωνσταντία – Μάρθα

Η ΖΕΣΤΗ

Το καλοκαίρι έρχεται
κι η ζέστη δυναμώνει
τα κρύα πια περάσανε
σηκώθηκε το χιόνι.

Μέσα σ'αυτόν τον καύσονα
το κρύο νοσταλγούμε
και στ΄ακρογιάλι τρέχουμε
λίγη δροσιά να βρούμε.

Μα πώς να βρει κανείς δροσιά
κάτω στην παραλία
όπου ο θηλυκόκοσμος
εκθέτει τα μεγαλία...

Βλέπεις εκεί στην αμμουδιά
κατ' όμορφα μπαρμπουνάκια
σ' αφήνουν άλαλο βουβό
γαρίδα τα ματάκια...

Ξαπλώνουν στην ακρογαλιά
σαν πρόβατα στους στάβλους
σε εκπομπή θερμότητας
περνούν και τους πυραύλους.

Φορούν ειδών ειδών μαγιών
της τελευταίας μόδας
και έτσι επιδεικνύουνε
τους γραφικούς των πόδας.

Αποκαλύπτουν βέβαια
οτ' είναι επιτρεπτόν
μα εισενέγκουν ΑΘΕΛΑ...
ημάς εις πειρασμόν.

Και ενώ ημείς πάμε για δροσιά
και ανάπαυς οι καημένοι
πάμε οι δόλιοι για μαλλί
και φεύγουμε κουρεμένοι.

Αποκρύπτουν

Οι δύο μπατζανάκηδες
σαν μπήκαν στο μεράκι
με το ουίσκι τάβαλαν
ένα Σάββατο βραδάκι.

Αφού η μπουκάλα άδειασε
κι' οι κεφαλές γεμίσαν
εις τον Λομάζουν πήγανε
οι δυό τους και δειπνήσαν.

Και τραγουδώντας φτάσανε
στο σπίτι του Παρδάλη
όπου συγκεντρώθηκε
η παρέα η μεγάλη.

Τραγούδησαν χορέψανε
γελάσανε πηδήξανε
χωρίς να καταλάβουνε
στο Βόστον καταλήξανε.

Το κλαμπ καγιάμ επήγανε
για να επισκεφθούνε
και μ' ένα ποτηράκι
λίγο να δροσισθούνε.

Εκεί ο μπατζανάκης μου
όπως συνήθως πάντα
ευγενικά ευγενικά
μας άφησε στην πάντα...

Πήρε τον Κρούτσεφ δίπλα του
σ' αρέσει δεν σ' αρέσει
επήγαν και την άραξαν
σε θηλυκών τραπέζι.

Πάντως περάσαμ' όμορφα
δίχως παραξηγήσεις
μα τώρα ο μπατζανάκης μου
θα μου ζητά εξηγήσεις.

Αν την αλήθεια δεν μιλώ
απ΄αυτήν εδώ τη θέση
ας έλθει ο μπατζανάκης μου
για να με διαψεύσει.

Βασίλη μ' να καθόσουνα εκεί στην Καισαρία
έρχεσαι κάθε χρόνο και εσύ για φασαρία.

Αλήθεια τώρα μη μας πεις πως είσαι αλτρουιστής
τα έργα σου δεικνύουν πως είσαι καπιταλιστής.

Αν πράγματι σε ένοιαζε για τα φτωχά εκείνα
δε θα ερχόσουνα εδώ θα πήγαινες στην Κίνα.

Στην πατερίτσα ακούμπησε να πει την αλφαβήτα
και όλοι ψάχνουν το φλουρί να βρουν μέσα στην πίτα.

Η πατερίτσα ήταν χλωρή και άπλωσε κλωνάρια
και χόρτασαν με κλέτσιο οι γίδες και τα γομάρια.

Και του χρόνου με υγεία.

Είδες ο Athas κάποια μέρα
την ωραία Αντιγόνη
τουρθε ο ουρανός σφοντύλι
και τον πιάσανε οι πόνοι.

Το στήθος άρχισε να φουσκώνει
και ο έρως στην καρδιά του
άρχισε για να φουντώνει.

Αυτά τα φλογερά της μάτια
του κάναν την καρδιά κομμάτια.

Μα του έρωτα το βέλος
την επλήγωσε κι εκείνη
άρχισε να χάνει ύπνο
και λοξές ματιές να δίνει.

Και σιγά σιγά τα ψήσαν
και να γίνουνε ζευγάρι
αμοιβαία αποφασίσαν.

Στις 15 του Μαρτίου ημέρα ιστορική
τον Καίσαρα σκοτώσανε στη Ρώμη κάπου εκεί
στις 15 του Μαρτίου πέθανε ο Ωνάσης
στις 15 του Μαρτίου παντρεύτηκε ο Θανάσης.

Ήθελε να ζευγαρωθεί
κι αυτός σαν το τριγόνι
πήρε την ξαδέρφη μου
τη λένε Αντιγόνη.

Την παραμονή του γάμου
εγώ είμαι ο κουρέας
και στην τελετή του γάμου
ο Μαρίνος ιερέας.

Όρκος μπρος στο Ιερό
πέρνανε πρώτη φορά
κι ύστερα στο Yankee Doudle
γλέντι κέφι και χαρά.

Το Yankee Doudle κάηκε
και δεν υπάρχει καθόλου
και ο παπάς που σας πάντρεψε
πήγε κατά διαβόλου.

Εσείς όμως σαν πλάτανος
βαθιά είστε ριζωμένοι
25 χρόνια και ακόμα παντρεμένοι.

Και άρχισε γλυκά γλυκά
η ζωή ν' αργοκυλά
και ο έρωτας μες στις καρδιές
να τους χαμογελά.

Τις παντρειάς μαθαίνοντας
μαζί την αλφαβήτα
εκάνατε μία κόρη
τη είπατε Μαργαρίτα.

Αφού το κόλπο μάθατε
και πείρα είχατε ήδη
εκάνατε ένα αγόρι
το είπατε Αριστείδη.

Και ύστερα ξεχάσατε
πώς κάνουνε παιδιά
το βάλατε ασφάλεια
χάσατε τα κλειδιά.

Ξέχασε ο παπαμαρίνος
το γάμος να καταγράψει
κι ο πατήρ Γεωργιάδης λέει
Θανασ' δεν είσαι εντάξει.

Και θυμώνει ο κουμπάρος
στον παπά ρίχνει το βάρος
εγώ λέει είμαι παντρεμένος
τον Μαρίνο να τον βράσω
χόρεψα τον Ησαΐα
έχω μάρτυρα τον Κάσσο.

Που με κρατούσε το κεφάλι
γιατί μούχε πιάσει ζάλη
και με έπιανε από πίσω
για να μη λιποθυμήσω.

Και όταν έριχνε κατσιές
μπρος στην πύλη την ωραία
έχω κι άλλο μάρτυρα
τον Νίκο τον κουρέα.

Το μάτι του έβλεπε πολύ
και με ρώτησε
ποιός έκοψε το μαλλί.

Όμως με τον παπαβαγγέλη
όλα ζάχαρη και μέλι
τακτοποίησε τα χαρτιά
κι έσβησε όλη η φωτιά.

Και άρχισε ξανά η ζωή
με καινούργια αναπνοή.

Στην αρχή της παντρειάς του
έπινε ο κουμπάρος γάλα
μα τα χρόνια έχουν αλλάξει
έχουν γίνει κι άλλα κι άλλα
τώρα εκείνος πίνει ούζο
και το πίνω εγώ το γάλα.

Μες τα 25 χρόνια
ο κουμπάρος μας ο φίνος
έχει φτιάσει μια φαλάκρα
σαν Εβραίος Ραββίνος.

Η φαλάκρα του κουμπάρου
από μακριά γυαλίζει
της κουμπάρας το μαλλί
μια ασπρίζει μια μαυρίζει
και από το κακό του
κάπου κάπου κοκκινίζει.

Σας εύχομαι να ζήσετε
στα εκατό τα χρόνια
να δείτε νύφη και γαμπρό
και με πολλά εγγόνια.

Μες στις καρδιές σας ο έρωτας
όλο να μεγαλώνει
μέλι να τον ποτίζετε
να ανθίζει να φουντώνει.

Γλεντάτε τη ζωή
προτού το γήρας φθάσει
γιατί το χρήμα δεν περνά
είδατε τον Ωνάση.

Μην χάνατε ευκαιρίες
έρχονται και περνάν
γιατί κάποια μέρα
very join of your body
will be stiff except one.

«ΛΑΤΡΕΥΕΤΑΙ Ο ΧΡΥΣΟΣ»

Εγέμισε ο πλανήτης μας
δόγματα και θρησκείες,
συστήματα κοινωνικά
και χίλιες θεωρίες.

Η θεωρία η αληθινή
που εδίδαξ' ο Χριστός,
ξεχάστηκε κι αντί αυτής
λατρεύεται ο χρυσός.

Ακόμη κι οι θρησκευτικοί αρχηγοί
που λεν Χριστό λατρεύουν,
του αιώνος μας υποκριταί
σεμνά τον κοροϊδεύουν.

Αν πεις κι οι δύο άρχοντες
του κόσμου οι μυροπαίχτες,
αυτοί είναι ολοφάνερα
μεγάλοι Θεομπαίχτες.

Ο ένας εξ ανατολών
Θεόν Χριστόν ηρνήθη
ο έτερος εκ των δυσμών
σ' αυτόν τάχα εστηρίχθει.

Χριστούλη μου μην ξαναρθείς
στον εικοστό αιώνα
όπου τον κόσμο κυβερνά
Μόσχα και Βασιγκτώνα.

Πρέπει καλά να το σκεφθείς
μα αν το αποφασίσεις
τη θέση κομματικώς
πρώτα να καθαρίσεις.

Χριστέ μου σου λέω ειλικρινώς
μην κάνεις τέτοιο λάθος
διότι αναμφισβήτητα
θα έχεις και άλλο πάθος.

Πιασμένοι χέρι χέρι
στης ζωής την ανηφόρα
τα φάγαμε τα νιάτα μας
σ' αυτήν εδώ τη χώρα.

Και όταν αρρωστάς
και είναι άδεια η κούπα
θα πάω στην άκρα του ντουνιά
για να σε φέρω σούπα.

Δεν ξέρω εγώ να γράφω
ποιήματα και τραγούδια
και σέφερα αγάπη μου
μια αγκαλιά λουλούδια.

Εγώ πάντα θα σ'αγαπώ
χαίρε ευφραίνου πέτα
και χέσε την καρπέτα.

Επήραμε τους τάφους
θα πάρομε και τις πέτρες
και ας έρθουν να μας χέσουν
και μας και τις καρπέτες.

Σε φέρω εγώ λουλούδια
λες είμαι τρανός χαζός
εγώ όμως θα το κάνω
έως ότου είμαι ζωντανός.

Χρόνια πολλά
Σ'αγαπώ

Στις 29 Γενάρη ο Βασίλης και η Βιργινία
με απερίγραπτη χαρά χόρεψαν τον Ησαΐα.

Ήταν το '61 και ο Παύλος λέει
τα δυο κορμιά έγιναν ένα...

Ύστερα από έναν χρόνο πήγαν και οι δυο στα αμπέλι
και κάτω από ένα κούτσουρο βρήκαν τον Αριστοτέλη.

Αφού ο Θεός ευλόγησε και ήρθε ο Τέλης πρώτα
πήγαν ξανά στ' αμπέλι και βρήκαν την Παναγιώτα.

Και ύστερα ξεχάσανε πώς κάνουνε παιδιά
το έβαλαν στην ασφάλειας κι' έχασαν τα κλειδιά.

Δεν τελειώνει εδώ αυτή η ιστορία ο Τέλης πήρε την Μαρία
και η Παναγιώτα τον Ηλία.

Και εκείνα τα ζευγάρια με χαρές και με τραγούδια
έφεραν στον κόσμο πέντε όμορφα αγγελούδια.

Μέσα όμως στις χαρές είχαμε και συμφωρές
χάσαμε το Ζαχαρία τη μεγάλη τραγωδία.

Ήταν μπουμπούκι αφράτο σαν λουλούδι μυρωδάτο
όπως λέει και το τραγούδι η ζωή είναι μια πνοή
σαν λουλούδι ένα χέρι μας τον πήρε ένα πρωί.

Για την τραγωδία αυτή
μέρα νύχτα αναρωτιέμαι γιατί γιατί γιατί...

Όλοι πληγωθήκαμε και είχαμε σπαράξει
το παρελθόν όμως δεν μπορεί ούτε ο Θεός να αλλάξει
όσο και αν ποθεί κανείς όσο και αν παλλεύει
άλλαι αι βουλαί ανθρώπων και άλλα ο Θεός κελεύει.

Με τα μάτια καρφωμένα πάνω στο σταυρό του Ρύστη
η γονείς και οι παππούδες παίρνανε κουράγιο
και δεν χάσανε την πίστη.

Πέρασαν 50 χρόνια πίσω δεν γυρίζουν
τα μαλλιά αραίωσαν και όσα έμειναν ασπρίζουν.

Σήμερα ήρθαμε όλοι εδώ μαζί σας να χαρούμε
και από τα βάθη της καρδιάς όλοι να ευχηθούμε.

Σήμερα τη γιορτή σας την κάνουνε τα παιδιά σας
να καίγεται να φλέγεται απ' αγάπη η καρδιά σας.

Το μέλλον να είναι φωτεινό με δίχως αντιρρήσεις
από το παρελθόν να έχετε γλυκιές τις αναμνήσεις.

Κουμπάρα είσαι αξιέπαινη πάντα κρατάς τη θέση
εύχομαι ότι επιθυμείς να βρεις και να σ' αρέσει.

Κουμπάρε που είναι τα χρόνια τα παλιά
που είμασταν παλαβά παιδιά.

Που είναι τα χρόνια τα παλιά τα όμορφα τα βράδια
που τρέχαμε σαν τους λαγούς πηδούσαμε σαν ζαρκάδια.

Τώρα πια γεράσαμε άσπρισε το μαλλί μας
ζάρωσε το κορμί μας χόντρυνε η φωνή μας
μαράθηκε το πουλί μας.

Γεννήθηκες Παρασκευή
είχε ο μήνας δεκατρείς
κι' ο παπάς απ' τη χαρά του
όλο και πηδάει και στις τρεις.

Σήμερα Παρασκευή
Η Dena είναι δεκαεφτά
Και όμως μπρος στα νιάτα της
τύφλα να έχουν τα λεφτά.

Λένε η Παρασκευή
είναι αποφράδα μέρα
μα για μένα είναι Λαμπρή
Πασχαλιά πέρα για πέρα.

Είχε δεκαεφτά ο μήνας
Που η Dena ήλθε σπίτι
έχει της γιαγιάς τα πόδια
και του Charlie Chatta μύτη.

Σήμερα κυρούλα μου
Είσαι χρόνια δεκαεφτά
Εύχομαι ο Θεός να δώσει
να φτάσεις τα ενενήντα εφτά.

Εύχομαι ποτέ μην νιώσεις
δάκρυα κι' αναστεναγμό
πρώτα απ' όλα στη ζωή σου
νάχεις αυτοσεβασμό.

Δικαιώματα μη δίνεις
μοναχά την ευκαιρία
να περνάς και να σου λένε
να μία σωστή κυρία.

Κάθε μέρα να περνάει
με χαρά και με τραγούδια
κάθε άνοιξη να ξέρεις
τα δικά της εχ' λουλούδια.

Εύχομαι προτού πεθάνω
νάσε τακτοποιημένη
σπουδαγμένη παντρεμένη
πάνω απ' όλα ευτυχισμένη.

Με υπομονή κι' αγάπη
και με ταπεινοφροσύνη
και το μίσος μαλακώνει
πάντοτε η καλοσύνη.

Νάχεις ζεστασιά κι' αγάπη
στο λαό και στο σπιτάκι
ο Ήλιος κι' όχι ο άνεμος
μας παίρνει το σακάκι.

Απ΄τα βάθη της καρδιάς μου
εγώ μαζί με τη μαμά σου
ευχόμαστε λαμπρά να είναι
πάντα τα γενέθλιά σου.

Μη φοβού να συνεχίσεις
της ζωής σκληρόν αγώνα
κι' ο μπαμπάς σε μια βδομάδα
γίνεται μισόν αιώνα.

5 Νοεμβρίου ημέρα ιστορική
εγώ και η Ευανθία ήρθαμε στην Αμερική.

Ήμασταν και οι δυο lucky
και είχαμε μαζί μας τον Paul το Σταμουλάκη.

Χρήστος Alex June και Γεωργία
ήρθαν στη Νέα Υόρκη εκεί στην παραλία.

Την ίδια ημέρα ήρθαμε στο χωριό μας
με ανοιχτή αγκαλιά μας περίμενε ο Κώστας ο Θειός μας.

Με δάκρυα αγκάλιασε εσένα και εμένα
καλώς ήρθατε ανιψίδια μου και οι δυο εδώ στα ξένα.

Η Θεία Πανάγιω μας έδινε κουράγιο.

Μπήκαμε στα εργοστάσια έμοιαζαν σαν χοιροστάσια
ήμασταν ατσίδες και γίναμε παπουτσίδες.

Πήραμε το δίπλωμα από το George Valhouli
ήταν πολύ έξυπνος ήτανε νυχτοπούλι.

Ο Θείος και η Θεία μας πήγαιναν παντού ωραία ομάδα
ήμασταν ζαλισμένοι φρέσκοι από την Ελλάδα.

Επήγα στην δουλειά Νοέμβρη 13
και ο Παρδάλης λέει του ήμαν απελευθερωτής.

Τη δουλειά την έβλεπε σαν την άβυσσο
και εμένα με περίμενε σαν ο Αδάμ τον Παράδεισο.

Γνώρισα τον Θανάση Βασίλη και Δημήτρη
με δεχτήκαν τους δέχτηκα γίναμε φίλοι ήδη
γνώρισα και το γερομαθητή το φίλο Αρχιμήδη.

Περνούσαμε ωραία μπαίναμε στο μεράκι
είχαμε και έναν άλλο τον Paul το Σταμουλάκη.

Είμασταν και οι έξι μη στάξει και μη βρέξει.

Περνούσαμε ωραία ευχάριστα τις ώρες
και βράζαμε το τσάι 45 ώρες.

Μια μέρα με το Medy πήγαμε στο Lamazo
και λέγαμε και οι δυο μας κάτω εγώ δεν το βάζω.

Ήπιαμε τόσο πολύ που άλλο δεν σηκώνει
προτού να καταλάβουμε βρεθήκαμε στη Βοστώνη.
Είχαμε και άλλους στην παρέα και περνούσαμε ωραία.

Ο Γιάννης ο Βλαχούλης ο Κάσσος και εγώ
είμασταν πατριώτες πήγαμε και στρατιώτες.

Τα γυμνάσια εγώ πήγα μοναχά τα βασικά
και μου είπαν φύγε σπίτι γιατί δεν ξέρεις Αγγλικά.

Ο Γιάννης από την παρέα πήγε λέει στην Κορέα
και όταν γύρισε με υγεία παντρεύτηκε την Γεωργία.

Όταν είδε η Ευθυμία πως περνάει η Γεωργία με τον Γιάννη
τί να κάνει τί να κάνει πήρε και αυτή ένα Γιάννη
λένε σπίτι που δεν έχει Γιάννη προκοπή ποτέ δεν κάνει.

Ο Βασίλης Κάσσος υπηρέτησε στην Γερμανία
το σώμα του ήταν εκεί
το μυαλό του και η καρδιά του ήταν στη Βιργινία
τον έτρωγε η αγωνία να μην χάσει τη Βιργινία
και όταν γύρισε από εκεί κρατούσε την αναπνοή του
και 29 Γενάρη ήταν η πιο ευτυχισμένη ημέρα της ζωής του
η Βιργινία μοιάζει θέσπια πριν από δυο μέρες είχε τα γενέθλια
έγινε 27 με ανάποδο το 7
τιμή μου και όχι βάρος που έγινα κουμπάρος.
Ο Δημήτρης Μουλαράς ήταν ο πιο χουβαρδάς
πήρε τα δολάρια όλα τάβαλε σε μια σακούλα
πήγε στην Ελλάδα και ξεμυάλισε τη Βούλα.

Μόλις έμαθε η Βούλα τα δολάρια είναι δικά της
κατουρήθηκε από τη χαρά της
πρέπει όλοι να χαρούμε το Δημήτρη να ευχηθούμε
Δημήτρη Μουλαρά τα κατάφερες μπράβο πουτσαρά.

Ο Παρδάλης ο Θανάσης, Θόδωρε μην τον ξεχάσεις
έγινε συνάδελφος έγινε και ξάδερφος
ήθελε να ζευγαρωθεί και αυτός σαν το τρυγόνι
και πήρε την ξαδέρφη μου τη λένε Αντιγόνη
είχε πολύ θάρρος έγινε και κουμπάρος.

Ήταν γραφτό εγώ να παντρευτώ την Ερατώ
θα πήγαινα εγώ στην Ελλάδα να πάρω καμιά πιτσιρίκα
αλλά ό,τι ήθελα στην Ερατώ το βρήκα.
Στις ζωής μου τον αγώνα είναι στύλος σταθερός είναι ασάλευτη κολώνα.

Ο Σωτήρης προτιμάει Αμερική αντί Αγγλία
και γυναίκα εδώ βρήκε τη γλυκιά την Αγλαΐα.
Εγώ και ο Σωτήρης δεν χαλούσαμε χατίρι
είμασταν τρανοί μεγάλοι φίλοι
βοσκούσαμε τα αρνιά και οι δυο σε άφραγο τριφύλλι
κάναμε καλή αρχή τώρα πάμε για ψυχή.

Ο Νίκος Λάζος και η Laurie
είναι σαν πασιάς στην πλώρη
πριν πέντε χρόνια λένε κάπως το αποφάσισε
την πήρε και τη βάφτισε
και μετά από δύο χρόνια κάπως εξαφνιάστηκε
και την αρραβωνιάστηκε.

Όλοι ενθουσιαστήκαμε σύντομα θα φάμε κουφέτα στο γάμο
μα ο Νίκος μας λέει αυτά που σκέφτεστε γράψτε τα στην άμμο
να παντρευτεί θέλει άλλα λέει
αγάλια αγάλια γίνεται η αγουρίδα μέλι
πρέπει λέει να το σκεφτεί
και κάποια μέρα πριν πεθάνει θα την παντρευτεί
έως ότου ο Νίκος αποφασίσει να την πάρει
εμάς την γερουσία θα μας φάει και το σιτάρι.

Πέρασαν 50 χρόνια έφυγαν σαν χελιδόνια
τα μαλλιά μας φύγανε και πίσω δεν γυρίζουν
και όσο έμειναν ασπρίσαν.

Πέρασαν 50 χρόνια είδαμε παιδιά και εγγόνια
είχαμε πολλές χαρές
συγγενείς και φίλοι είχαν μεγάλες συμφορές.

Τώρα γίναμε όλοι μας μεγάλη γερουσία
το άσχημο όμως είναι δεν υπάρχει αθανασία
και στον άλλο κόσμο δεν υπάρχει συνουσία.

Όταν γεράσει ο άνθρωπος και ασπρίσει το μαλλί του
ζαρώνουνε τα μούτρα του και μαραίνεται η ψω.... του.

Σε όλους τους νέους λέγω
να είστε ηνωμένοι και πάντα αγαπημένοι.
Από τα βάθη της καρδιάς τους δίνω μια ευχή
και εμείς η γερουσία τώρα καλή ψυχή.

It is fun riding around the sun on this muddily ball
even if you are 101 you don't want to get off at all.

If I hurt anybody, I do regret it
but your love and Dignity will Forgive and Forget it.

Όσο και αν ποθεί ο άνθρωπος όσο και αν παλεύει
άλλαι αι βουλαί ανθρώπων και άλλα Θεός κελεύει.

Στο αυτοκίνητό μου

Μου κάνεις κόνξες μου κάνεις νάζια
σ' αρέσει να βρίσκεσαι μεσ' στα γκαράζια.
Βενζίνες και λάδια με δίχως οίκτος
τα καταπίνεις σαν το κήτος.
Είσαι γκρινιάρα ωσάν γυναίκα
σ' αρέσουν τα χάδια λες κι' είσαι μπεμπέκα.
Καλέ σιεβρολέτ τί να σου πω
σ' έχω δική μου και σ' αγαπώ.
Μαζί σου πέρασα χίλιες μπόρες
μαζί σου έζησα ευχάριστες ώρες...
Στο σπίτι στη βόλτα και στη δουλίτσα
οι δυο μας πάμε πάντα αγκαλίτσα.
Μοιάζεις πολύ με ωραία κοπέλα
που μαγνητίζει η ομορφιά της
τη βλέπουν οι άντρες τους πιάνει τρέλα
μ' αλλοίμονο αν πέσουν στην αγκαλιά της.
Αλήθεια είσαι τρανή κατεργάρα
σε άλλου χέρια δε θέλεις να πας
παρ' όλου που είσαι μεγάλη γκρινιάρα
αυτό δεικνύει πως μ' αγαπάς.
Το ότι ξοδεύεις δεν είναι κακό
γι' αυτό τ' όνομά σου ειν' θηλυκό.

Κούρσα σε λένε και λιμουζίνα
έτσι σε ξέρουν και στην Αθήνα
εγώ σε προσέχω σαν κυρία
και σε κάθε μέρα μου δινς φασαρία.
Κυρά σιεβρολέτ όπως πας
ή θα σε φάω ή θα με φας...

Μια κάρτα δέκα σέντσια
και είκοσι χαρτόσημα
φέρνω νέα άσχημα
σας φέρνω και χαρμόσυνα.

Χρίστου την Θείαν Γέννησιν
γιορτάζει η ανθρωπότης,
κι' αλλοίμονο στους χοίρους
γαλόπουλα και κότες.

Ήρθε ξανά η Γέννησης
Χριστού του Ναζωραίου
τρεις μάγοι τον προσκύνησαν
στο σπίτι ενός Εβραίου.

Γεννήθηκε σε μια σπηλιά.
Δεν είχε ούτε σπίτι
και ήτανε την εποχή
όπου παγώνει η μύτη.

Προφήτη τον ελέγανε
και άλλοι τους Χριστόν
καθένας μας την Κρίση
θα λάβει τον μισθόν.

Στην αγκαλιά της μάνας του
κι' εκείνη επί όνου
στην Αίγυπτο διέφυγε
το χέρι δολοφόνου.

Στην αγκαλιά της μάνας του
κι' εκείνη επί όνου
στην Αίγυπτο διέφυγε
το χέρι δολοφόνου.

Χιλιάδες δεκατέσσερες
σφάξαν σ' αυτή τη χώρα
και 'μεις τον περιμένουμε
με μπακλαβά και δώρα.

Ε! όχι μονάχα μπακλαβά
και πίτες και μεζέδες.
Αφού μερικές γυναίκες
κάνουν και κουραμπιέδες!

Ο Ησαΐας έλεγε
πως θα τον πουν Μανώλη
το κήρυγμά του τάραξε
τη οικουμένη όλη.

Βαπτίστηκε μεσ' τα νερά
του ποταμού Ιορδάνη
και είχε λένε για νουνό
τον Πρόδρομο τον Γιάννη.

Χριστός γεννάτε σήμερον
εν Βηθλεέμ την πόλη
οι ουρανοί αγάλλονται
μα κλαίει το πορτοφόλι.

Λαμποκοπούν οι δρόμοι
χαρές παντού τραγούδια
γέμισε το τραπέζι μας
κρέατα και καλούδια.

Σ’ αυτή τη χώρα την τροφή
δεν ξέρουν τι να κάνουν
στην Αφρική τη δύναμη
δεν έχουν να πεθάνουν.

Είμαστε όλοι άπονοι
γεμάτοι αφροσύνη
το θεϊκό όμως βρέφος
γεμάτο καλοσύνη.

Έρχομαι πάλι φέτος
να πω στ’ αρχοντικό σας
ποτέ μη λείψει η χαρά
στο σπίτι το δικό σας.

Αυτά τα γράφει ο δόλιος
Θεόδωρος ο Τόλιος.

Δεν είμαι απ’ τη Βοστώνη
Νέα Υόρκη ή Hartford
είμαι από το Hyatt
που βρίσκεται στο Bradford.

Χρόνια πολλά και καλά

Χρίστου την Θείαν Γέννησιν
γιορτάζει η ανθρωπότης,
κι' αλλοίμονο στους χοίρους
γαλόπουλα και κότες.

Ήρθε ξανά η Γέννησης
Χριστού του Ναζωραίου
τρεις μάγοι τον προσκύνησαν
στο σπίτι ενός Εβραίου.

Γεννήθηκε σε μια σπηλιά.
Δεν είχε ούτε σπίτι
και ήτανε την εποχή
όπου παγώνει η μύτη.

Προφήτη τον ελέγανε
και άλλοι τους Χριστόν
καθένας μας την Κρίση
θα λάβει τον μισθόν.
Στην αγκαλιά της μάνας του
κι' εκείνη επί όνου
στην Αίγυπτο διέφυγε
το χέρι δολοφόνου.

Χιλιάδες δεκατέσσερες
σφάξαν σ' αυτή τη χώρα
και 'μεις τον περιμένουμε
με μπακλαβά και δώρα.

Ε! όχι μονάχα μπακλαβά
και πίτες και μεζέδες.
Αφού μερικές γυναίκες
κάνουν και κουραμπιέδες!

Ο Ησαΐας έλεγε
πως θα τον πουν Μανώλη
το κήρυγμά του τάραξε
τη οικουμένη όλη.

Βαπτίστηκε μεσ' τα νερά
του ποταμού Ιορδάνη
και είχε λένε για νουνό
τον Πρόδρομο τον Γιάννη.

Και έσωσε πολλές ψυχές
σε κάθε χωριό και πόλη
μα έφερε καταστροφή
στο δόλιο πορτοφόλι.

Έρχομαι πάλι φέτος
να πω στ' αρχοντικό σας
ποτέ μη λείψει η χαρά
στο σπίτι το δικό σας.

Χαρά Θεού ημέρα
ο Ήλιος λάμπει φωτεινός
και ο Ανδρέας σήμερα
γίνεται Χριστιανός.

Σήμερα βαφτίζομε
Ανδρέα το λεβέντη
θα γίνει πανηγύρι
τρανό θα γίνει γλέντι.

It's funny
στη βάπτισή του ο Χριστός
είχε νουνό ένα Γιάννη
και ο Ανδρέας σήμερα
έχει νουνό το Γιάννη.

Όταν βαπτίστηκε ο Χριστός
φάγανε μέλι κι' ακρίδες
ενώ εμείς θα φάμε
ψητό θα πιούμε μπύρες.

Ψάλλει ο Παναγιώτης
χιτώνα φωτεινό
του παπαγιώργου η φωνή
φθάνει στον ουρανό.

Είχε ο Ανδρέας για νουνά
την κόρη μου Αγνή
και βάλαμε στη σούβλα
ένα μεγάλο αρνί.

Ήρθαν γνωστοί και συγγενείς
μεγάλη η παρέα
θα φάμε και θα πιούμε
και θάναι όλα ωραία.

Εύχομαι Ανδρέα σήμερα
που γίνεσαι Χριστιανός
να είσαι πάντα άξιος
και πάντοτε πιστός.

Τη φώτισή που πήρες
όταν θα μεγαλώσεις
πιστά να την κρατήσεις
και σ' άλλους να τη δώσεις.

Ο Χριστός στον Ιορδάνη
και ο Ανδρέας στο καζάνι.

Ο Βασίλης μας κερνάει
μπύρες κρασί απ' όλα
και εκείνος μόνο πίνει
Pepsi και κόκα κόλα.

Henry τον λένε Αγγλικά
Ανδρέα Ελληνικά
και η Θεία Ερατώ
κάνει πολλά γλυκά.

Εγώ δεν είμαι ως ξέρετε
σπουδαίος ποιητής
και θέλω τους ακροατάς
να είναι επιεικής.

Δεν είμαι ο Σκαρλάτος
ο Σούτσος ο Σουρρής
όλοι σας με γνωρίζετε
είμαι ο Θοδωρής.

Μονάχος εις στο σπίτι μου
κοιτάζοντας τον τοίχο
για να περνώ την ώρα μου
γράφω κανένα στίχο.

Άλλοτε για πολιτικούς
άλλοτε για παπάδες
και είχαμε στο παρελθόν
κάτι μικροκαβγάδες.

Άλλοτε πάλι γράφω
για την παρέα κάτι
έως ότου έλθει ο ύπνος
να κλείσω λίγο μάτι.

Πια η φιλοσοφία του
δεν εχ' ενδιαφέρον
όλα τα μετατρέπει
όπως αυτόν συμφέρουν.

Σαν να μην έφταναν αυτά
για την φιλοσοφία
τώρα πιστεύει σταθερά
στη δεισιδαιμονία
και απαγορεύει αυστηρά
στο κάρο ψαλμωδία.

Και για το Μήδη ήθελα
να γράψω κάνα στίχο
μα αμφιβάλω αν δυνηθώ
κάπως να τον πετύχω.

Τούτος εξαφανίζεται
οσάν κάνας πλανήτης
που κάπου κάπου έρχεται
θαρρείς ως ένας κομήτης.

Τη μέρα είναι μαθητής
το βράδυ κομμωτής
το δε Σαββατοκύριακο
έλα και να τον βρεις.

Ο ένας μόλις γύρισε
από το πεδίο του Άρη
επήρε την απόφαση
γυναίκα για να πάρει.

Και την απόφασή του αυτή
την έφερεν εις πέρας
μέσα σε ένα χρόνο
έγινε και πατέρας.

Ο άλλος μόλις γύρισε
επήρε το βιβλίο
και σαν το φρόνιμο παιδί
επήγε στο σχολείο.

Προτού στα όπλα αυτός κληθεί
δεν λέω ήταν παχύς
μα όμως κάπως έμοιαζε
σαν όγκος συμπαγής.

Φαίνεται όμως πως εκεί
τον βάλαν σε καλούπι
και μας τον στείλανε κομψό
και κάπως με σουλούπι.

Όσο για τον Απόστολο
τον κύριο Σταμουλάκη
τρικαλινή τον πλάνεψε
και μπήκε στο μεράκι.

Μέσα στην παραζάλη
του έρωτα ο καημένος
ήθελε δεν ήθελε
βρέθηκε κρεμασμένος.

Λίγα στιχάκια ήθελα
να γράψω για τον Γιάννη
μα τούτος είναι νέος
και άστονε δεν κάνει.

Για τις γυναίκες ήθελα
να γράψω κάτι τι
μα θα καταναλώσω
μελάνι και χαρτί.

Βούλα και Βιργινία
Έφη και Ευανθία
Νίκη Αντιγόνη
Ρένα και Γεωργία.

Αν για την κάθε μία απ' αυτές
γράψω λίγες αράδες
στα σίγουρα θα χρειαστώ
πενηνταδυό βδομάδες.

Και τώρα πια δεν δύναμαι
άλλο για να σκεφτώ
η ώρα πήγε τέσσερις
και πάω να κοιμηθώ.

ΤΕΛΟΣ

Κάθε πρωί στις 6 προτού ακόμα φέξει
η Ερατώ με τον καφέ εγώ την κουραμάνα
χτυπούσε το τηλέφωνο και ήταν η Τάνα.

Σαν τα πουλάκια την αυγή πάντα μας χαιρετούσε
ήτανε πάντα εύθυμη και από χαρά πετούσε.

Πάντα είχε θάρρος στη ζωή ρίχνονταν στον αγώνα
την εγγονή την έλεγε γλυκιά γλυκιά μου τσιόνα.

Ο Μιχάλης την καμάρωνε είχε χαρά μεγάλη
και με το νου έλεγε πως δεν υπάρχει άλλη.

Είχε τρία γλυκά παιδιά τρία γλυκά εγγόνια
και όλο τα καμάρωνε σαν νάταν χελιδόνια.

Στη λίπη μα και στη χαρά ο Αλέξης την έδινε φτερά.

Ήτανε πάντα εύθυμη και στο χορό ήταν πρώτη
και όταν λυγούσε το κορμί ήταν γεμάτη νιότη.

Όταν της κόρης μου ο γάμος έληξε σε ναυάγιο
η Τάνα μέρα νύχτα την έδινε κουράγιο.

Για την απεριόριστη της Τάνας καλοσύνη
θα τόχει αιωνίως η Νούλα ευγνωμοσύνη.

Πριν από πέντε μήνες η επάρατος ασθένεια
τη χτύπησε σαν κεραυνός και είχε μεγάλη έγνοια.

Ωσάν αράχνη απλώθηκε σε όλο το κορμί της
πολλοί την επισκέφτηκαν και ήταν τιμή της.

Η Georgia και η Maryanne πιστές και οι δυο στη βάρδια
με δάκρυα και χείλη ωχρά την έκαμαν τα χάδια.

Τις τελευταίες μέρες εσπάραζε από πόνο
μα στην καρδιά της είχε αγάπη όχι φθόνο.

Την τελευταία ώρα φρικτό αν το σκεφθείς
μόνες τους στο δωμάτιο τρεις καρκινοπαθείς.

Η αδερφούλα δίπλα της με βουρκωμένα μάτια
τη χάιδευε το χέρι της έκλεισε τα μάτια.
Φαίνεται ήτανε γραφτό
κρατούσε τ' άλλο χέρι η φίλη της Ερατώ.

Έρχονται σήμερα πολλοί να μας παρηγορήσουν
και με μεγάλο πόνο δάκρυα για να χύσουν.
Μακαρία η οδός λέει ο ψαλμωδός
ας βαλσαμώσει τις καρδιές όλων μας ο Θεός.

Δεν ακούμε τώρα το πρωί της Τάνας την λαλιά
νομίζω σταματήσανε να ψάλλουν τα πουλιά.

Σήμερα για την Τάνα άνοιξαν τα ουράνια
και ο Μιχάλης σ' αγαπώ το λέει με περηφάνεια.

Για δες καιρό που διάλεξε ο Χάρος να την πάρει
τώρα που φεύγουν τα πουλιά
και στο εξοχικό της έμειναν μόνο οι γλάροι.

SHE LEFT US WHEN THE GRASS STOPPED GROWING
AND NATURE STARTED GLOWING.

Ανθρώπων επιφανών πάσα τη τάφος.

Στις 15 του Μαρτίου
ημέρα ιστορική
τον Καίσαρα σκοτώσανε
στη Ρώμη κάπου εκεί.

Στις 15 του Μαρτίου
απέθενε ο Ωνάσης
στις 15 του Μαρτίου παντρεύτηκε ο Θανάσης.

Ήθελε να ζευγαρωθεί
και αυτός σαν το τρυγόνι
και πήρε την ξαδέρφη μου
τη λένε Αντιγόνη.

Της παντρειάς μαθαίνοντας
οι δυο την άλφα βήτα
εσκάρωσαν μια κόρη
τη λένε Μαργαρίτα.

Αφού το κόλπο έμαθαν
και πείρα είχαν ήδη
έκαναν ένα αγόρι
τον λένε Αριστείδη.

Και ύστερα ξεχάσανε
πως κάνουνε παιδιά
το βάλαν στην ασφάλεια
και χάσαν τα κλειδιά.

Γλεντήστε κουμπάροι την ζωή
προτού το γήρας φθάσει
γιατί το χρήμα δεν περνά
είδατε τον Ωνάση.

Πάρτε λοιπόν την συμβουλή
που δίνει ο κουμπάρος
και εφαρμόστε την καλά
προτού να έλθει ο Χάρος.

Γλεντήστε λέω την ζωή
γιατί περνούν τα χρόνια
όσο και πλούσιος ναν κανείς
εδώ δεν ζει αιώνια.

Στον εαυτόν μου

Έχω μπόι δύο πήχες
στο κεφάλι λίγες τρίχες
έχω ένα κορμί σπαθάτο
όλο κόκαλα γεμάτο.

Αγνούλα μου

Τώρα είσαι τρία χρόνια
φλυαρείς σαν χελιδόνια,
η μαμά σε δίνει ξύλο
το μπαμπά τον έχεις φίλο.
Ο μπαμπάς σου σ' αγαπάει
η μαμά σου ξαγρυπνάει.
Σ' αγαπάει κι' ο παππούς
ακόμη και αν δεν τον ακούς.
Και για σένα και την Dena
έφερα μια μπαλαρίνα.

Αυτά τα γράφει ο μπαμπάς
και ας το μάθει ούτε παπάς.

Να τα εκατοστίσεις
Με αγάπη

Μπαμπάς, Μαμά

Απλώθηκε βαθιά σιγή
στο σπίτι και στο μαγαζί
πελάτες πάνε κι' έρχονται
και όλοι τους προσεύχονται.
Άλλοι μας τηλεφωνούν
και την Ερατώ ζητούν.
Σιδερένια να γυρίσει
και αρώματα στο σπίτι
η γαρδένια να γεμίσει.
Τα πουλιά θα ψάλλουν
χαρούμενα τραγούδια
και τα κορίτσια σ' έφεραν
μια αγκαλιά λουλούδια.

Θαυμάζω…

Θαυμάζω το Σωκράτη
για την πολύ σοφία
που τ' όνομά του αθάνατο
μένει στην ιστορία.

Θαυμάζω Αριστείδην
για την δικαιοσύνη
που ως σύμβολο δικαίου
για πάντοτε θα μείνει.

Θαυμάζω Αριστοτέλην
θαυμάζω Πιθαγόραν
θαυμάζω τον Λυκούργον
και τον Αναξαγόραν.

Μα πιο πολύ θαυμάζω
σοφόν τον Σολομώντα
για τας χιλίας συζύγους τους
στον κόσμο τον παρόντα.

Και πόσα μαζί μας δεν έχεις τραβήξει
και πόση βενζίνη δεν έχεις ρουφήξει
αν και σου κάναν πολλές εγχειρήσεις
υπέστης τα πάντα χωρίς αντιρρήσεις.
Σε είχα μάθει με νάζια και χάδια
μα όπου σταθείς σου φεύγουν τα λάδια.
Τώρα όμως έχεις γεράσει
η ένδοξες μέρες σου έχουν περάσει.
Τροχοί φαγώθηκαν κάηκαν βαλβίδες
και μια μια σου φεύγουν οι βίδες.
Θα σ' ανταλλάξω κυρά Chevrolet
είναι το μόνο για με outlet.
Το ξέρω πως έχεις τρανή υπομονή
μα όμως δεν έχεις γερή μηχανή.

Βασίλη μ' δεν καθόσουν εκεί στην Καισαρεία
έρχεσαι κάθε χρόνο και εσύ για φασαρία
αλήθεια τώρα μην μας πεις πως είσαι Αλτρουιστής
τα έργα σου δεικνύουν πως είσαι καπιταλιστής.

Αν πράγματι σε ένοιαζε για τα φτωχά εκείνα
δεν θα ερχόσουνα εδώ θα πήγαινες στην Κίνα.
Στην πατερίτσα ακούμπησε να πει την άλφα βήτα
και όλοι ψάχνουν το φλωρί να βρουν μέσα στην πίτα.

Η πατερίτσα ήταν χλωρή και άπλωσε κλωνάρια
και χόρτασαν με Κλέτσιο οι γίδες και τα γομάρια.

Και του χρόνου με υγεία

Το πάθημα του Θανάση

Το Θανάση το κουμπάρο
του εκλέψανε το κάρο
εσυνέβη στην Βοστώνη
το φυσάει και δεν κρυώνει.
Πήγε στην αστυνομία
να ζητήσει προστασία
μα προτού εξηγήσει κάτι
τον έβγαλαν παραβάτη.
Τρέχει βρίζει και θυμώνει
στα σοκάκια στη Βοστώνη.
Τέλος βρίσκει το γκαράζι
μα του λένε δεν πειράζει,
κατέβαινε δολαριάκι
ή ρολόι ή σακάκι.
Κάνει τον παλικαρά
να εξηγηθεί ρωμαίικα
μα του λένε καθαρά
δεν περνούν τα Παρδαλέικα.
Εγώ δεν ήμουνα εκεί
παραλίγο το Θανάση
να τον κλείσουν φυλακή.

Το δεύτερο πάθημα του Θανάση

Το Θανάση το κουμπάρο
του κλέψανε το κάρο.

Αυτή τη φορά δεν το πήρε η αστυνομία
το πήρε του Lawrence η μαφία.

Ο κουμπάρος πήρε το Γιάννη για παρέα
και ψάχνουνε για τα μοιραία
ψάχνανε μέρες και βραδάκια
και βρήκανε το κάρο
στου Lawrence τα σοκάκια.

Διάλογος:

Θανάσης: «Γιάννη κάλυψε δε χωράει αστεία
δεν εμπιστεύομαι του Lawrence τη μαφία
να μην πάθουμε καμιά λαχτάρα
εδώ σε σκοτώνουν για μια δεκάρα».

Γιάννης: «Θανάση δεν πειράζει
βάλε εμπρός και πάτα γκάζι
άκουσα πυροβολισμό νομίζω ήταν σφαίρα».

Θανάσης: «Γιάννη μην πανικοβάλλεσαι
ο πυροβολισμός δεν ήταν σφαίρα
έκλασα εγώ για να πάρω λίγο αέρα».

Θανάσης στην μαφία: «Προσέξτε καλά
έχετε να κάνετε με δύο Ηπειρώτες».
Μαφία στο Θανάση: «Προσέξτε εσείς καλά
γιατί έχετε να κάνετε με 100.000 cockroaches (κατσαρίδες)».

Της γης οι ειρηνοποιοί...
φθάσανε στο φεγγάρι
και τώρα ετοιμάζονται
να πάνε και στον Άρη.

Χωρίς να φταίει τίποτε
η δόλια η Σελήνη
της τύχης της ήταν γραφτό
να χάσει την γαλήνη.

Σπούτνικ και εξπλόρερς
συνέχεια εξακοντίζονται
σε πυραυλοπαραγωγή
σκληρά συναγωνίζονται.

Πιθήκους στου εξπλόρερς
στους Σπούτνικς μέσα σκύλους
κι' η ιστορία ασφαλώς
έχει να γράψει θρύλους.

Απ' το φτωχούλη το λαό
χωρίς πολυλογία
δεν θέλουν άλλο τίποτε
μόνο φορολογία...

Τη μέρα που απέθανε ο Κολόμβος
και φέτο αυτή τη μέρα ήταν όμβρος
και τώρα είναι κάπου στις Πλειάδες
γεννήθηκε η Ερατώ
και ο Νίκος ο Αντωνιάδης.

Σήμερα αρχίζ' το ζώδιο ο Ταύρος
και κοντά στην Ερατώ
καλοπερνώ κι' εγώ ο μαύρος.

Είναι η Μούσα ποιημάτων και αγάπη
και απ' αυτήν εμπνέομαι και γράφω κάτι.

Να την χαρίζει ο Θεός χρόνια πολλά
να είναι ευτυχισμένα και καλά.

Μου έδωσε τα δύο αγγελούδια
όλο δροσιά σαν τα λουλούδια
και όπως ανθίζουν οι γαρδένιες
και η μπιγκόνια
να τη χαρίσει ο Θεός
να δει κι' εγγόνια.

Την εύχομαι με τις κορούλες μου τις δυο
χρόνια πολλά
και να της φύγει το κρύο.

Πόλεμος

Πολεμούν οι πλουτοκράτες
μέσα στη ζωή ετούτη
και όμως έχουν ένα δίκιο
να φυλάξουνε τα πλούτη.

Πολεμούν οι πλουτοκράτες
και αυτό δεν είναι ψέμα
δεν χορταίνουν αν δεν πιούνε
το φτωχού όλο το αίμα.

Πολεμάει και η Ινδία
με την γείτονα την Κίνα
κι' έτσι βρίσκουν ευκαιρία
και ξεχνούν λίγο την πείνα.

Ήρθε ο Κώστα Καφτεράνης
που στο ψέμα δεν τον φτάνεις.
Ήλθε από την Γερμανία
πέρασε απ' την Ιταλία
πέρασε απ' την Ελλάδα
κι' από την Αμαλιάδα.
Και μας λέει παραμύθια
άλλα ψέματα άλλα αλήθεια.
Τη γυναίκα του θυμάται
και καθόλου δεν κοιμάται.
Γυναικούλα μ' κατσ' εκεί
ξέχασ' την Αμερική.
Όλοι εδώ είναι κοιμισμένοι
κι' απ' τους γκάνγκστερς τρομαγμένοι.
Γυναικούλα μ' να γυρίσω
την κορούλα μ' να φιλήσω
και το εξωτερικό για πάντα
πίσω μου να το αφήσω.
Στην Ελλάδα θα γυρίσω
και το μέλλον μου θα κτίσω.

Θυμάμαι ήταν Παρασκευή
ο μήνας είχε δύο
συνάντησιν ορίσαμε
σε ένα ξενοδοχείο.

Εκεί θα πήγαινε εγώ
κουμπάρος μπατζανάκης
και φυσικά δεν θ’ έλλειπε
και ο Κάσσος Βασιλάκης.

Όταν η ώρα έφθασε
και πήραμε απόντας
δεν βρήκαμε παρά
μονάχα τρεις παρόντας.

Μα σεις να μην νομίσετε
πως έλλειπε ο Ωνάσης
ούτε η Μαρία Κάλλας
έλειπε ο Θανάσης.

Προτού καλά προφθάσουμε
για να συγκεντρωθούμε
πέρασε κι’ έφυγε κρυφά
μην λάχει και τον δούμε.

Δεν δύναμαι να τ’ ανεχθώ
γιατί το έχω βάρος
αυτή τη μέρα φέρθηκε
σκάρτος ο κουμπάρος.

Αμέσως διαδόθηκε
σε όλη την υφήλιο
και όλους τους απασχολεί
τ' Ωνάση το ειδύλλιο.

Στη Ρώμη στο Παρίσι
Μαδρίτη και Αθήνα
για μια Μαρία έγινε
άπιστος στη Χριστίνα.

Έρωτες σε θαλαμηγούς
όχι δα συνοικέσια
ή σε αεροπλάνα
εξηνταπενταθέσια.

Ο τύπος κάνει κριτική
με έμφαση και τόνο
μα δεν ιδρώνει το αυτί
εκείνου του Βαρόνου.

Η Χριστίνα είναι νόμιμος
παράνομος η Κάλλας
αφού είναι εφοπλιστής
μπορεί να έχει κι' άλλας.

Γλέντησε Αριστοτέλη μου
γατί περνούν τα χρόνια
όσο και πλούσιος ναν' κανείς
εδώ δεν ζει αιώνια.

Στο κρύο

Το κρύο δυναμώνει
η μύτη μου παγώνει
τ' αυτιά δεν τα ορίζω
και όλο τουρτουρίζω.
Τί κρύο δηλητήριο
αυτό είναι μαρτύριο
ρε φίλοι μου να ξέρετε
αυτό δεν υποφέρετε
στα κρύα του χειμώνος
για να γυρίζεις μόνος.
Μεσ' στους ψυχρούς ανέμους
χαράς στους παντρεμένους
που στου βοριά το σφύριγμα
έχουνε κάποιο στήριγμα.
Είχα λιγάκι αίμα
αυτό δεν είναι ψέμα
η φήμη του πολέμου
το πάγωσε Χριστέ μου.
Θ' ανάψω αγιοκέρι
να γίνει καλοκαίρι
ν' απλώσω το κορμάκι
να ζεσταθεί λιγάκι.

Σήμερα μεγάλη μέρα
επέτειος χειροτονίας του Ευάγγελου πατέρα.

Ήρθαν συγγενείς και φίλοι να τον συγχαρούνε
να φάνε και να πιούνε και να του ευχηθούνε.

Πέρασαν πενήντα χρόνια από τη χειροτονία
με ζήλο και υπομονή υπηρέτησε την εκκλησία.

Πέρασε λύπες και χαρές στην ιερατική ζωή του
και όλα τα ξεπέρασε με το Χριστό μαζί του.

Στο Haverhill υπηρέτησε χρόνια αρκετά
μαζί μου αυτά τα χρόνια ήταν όλα φιλικά.

Τα τελευταία χρόνια κάποιοι ενορίτες
του έκαναν το βίο αβίωτο του μπήκανε στις μύτες.

Ο Αντώνης με το φίλο του ANDY VASILAKAKI
κρυφά κρυφά του άνοιγαν χαντάκι.

Του άνοιγαν τον τάφο είχαν μεγάλη μπέσα
την ίδια μέρα έπεσαν και οι δυο μαζί τους μέσα.

Πού πας όμως πού έρχεσαι ήρθε ο πατήρ Γεωργιάδης
να τους θάψει και του ερχότανε να κλάψει.

Και οι δυο μέσα σε φέρετρα με μούτρα κρεμασμένα
τον κοιτούσαν φοβησμένα.

Αν ήταν άλλος θάλεγε
Μακαρία η οδός εκεί που πάτε μακριά
να σαπίστε και οι δυο να γίνειτε κοπριά.

Αλλά ο πατήρ δεν το είπε γιατί ίσως
δεν έχει στην καρδιά του μίσος.

Τους είπε μακαρία η οδός
και ας κρίνει ο Θεός.

Δεν ήταν μόνο αυτοί οι δυο προδότες
μέσα στο συμβούλιο ήταν και άλλοι συνωμότες.

Για να διώξουν τον παπά είχαν μεγάλη φούρια
να γιατί: Γιατί ήταν όλοι τους γαϊδούρια.

Ενώ έπρεπε να του φιλούν το χέρι
αυτοί κρατούσανε μαχαίρι.

Με ραδιουργία να τον διώξουν έκαμαν το παν
μα ο πατήρ Ευάγγελος σαν το Χριστό είπε:
«Εμίσησαν με δωρεάν».

Η Ερατώ και η Βαγγελία

Απ' την πρώτη τι στιγμή
πιάσανε καλή φιλία
τόχουνε τρανή τιμή.

Γνωρίστηκαν το '79
κι γινήκαν φιλενάδες
ανοίξανε τα σπίτια τους
με καφέ και μπακλαβάδες.

Μαγειρεύουν φαγητά
και γλυκά μα και τσουρέκια
ούτε κάνουνε καυγάδες
η μια την αλλ' δεν λέει παρέκια.

Κάνουν όμως και ντολμάδες
μα εγώ κι' η Βαγγελία
τραγουδούμε τις καντάδες.

Και όταν πάμε και οι δυο μας
εκεί εν τόπω χλοερό
θα τραγουδούμε κάθε βράδυ
και θα στήνομε χορό.

Όταν ζούσε ο Ηρακλής
στον καφέ ήταν μερακλής
πήρε τον καφέ και μάφινς
κάποια μέρα η Ερατώ
εγώ την λέγω που πηγαίνεις
και μου λέει να μην ρωτώ.

Και τη λέει ο Ηρακλής

που είναι ο Θοδωρής
εκείνη λέει δεν με νοιάζει
και καφέ στην κούπα βάζει.

Είμαι λέει καλή κυρία
είμαι και κομμώτρια
και ο Ηρακλής τη λέει
χες τα πόδια σ'
εξ' ιδίων κρίνεις τα αλλότρια;

Κάποια μέρα η Ερατώ
η Τάνα και η Βαγγελία
μια μεγάλη τριανδρία
πήγανε για να ψωνίσουν
στα μαγαζιά να αρμενίσουν.

Τρέχει η Τάνα σαν ελάφι
και την κυνηγάει η Ερατώ
λαχανιάζει η Βαγγελία
τι πάθημα ήταν αυτό
και την άλλη καταλήγει
για να πάει στο γιατρό.

Σήμερα είσαι ογδόντα χρόνια
φίλοι εδώ και συγγενείς
πες πιο είναι το μυστικό
να σε φτάσουμε κι' εμείς.

Σου ευχόμαστε απ' τα βάθη
και εγώ και η Ερατώ
νάσαι πάντα υγιής
και να φθάσεις τα εκατό.
Χρόνια πολλά

Ωσάν ανεμοστρόβιλος
ήρθε ο Αντωνιάδης
μας είπε εκατομμύρια
πως κέρδισε παράδες.

Κερδίσαμε το Megabucks
λέει η Ευτυχία
μας κλέψαν τα λαχεία
αχ καλέ τι ατυχία.

Ελάτε πάμε λεν και οι δυο
πάμε για να ρωτήσουμε
γιατί ως το πρωί
κι' οι δυο μας θ' αρρωστήσουμε.

Μπαίνουμε μέσα στο Couga
και τραβάμε για το Νούκα.

Πηγαίνουμε στο MAINE
σε μια γκροσαρία
οχτώ φορές εξύβρισε
ο Νίκος την Παναγίας.

Σαν να μην έφτανε αυτό
βρίζει και δύο το Χριστό.

Από τα νεύρα οδήγαγε
σαν κάνας ατζαμής
λίγο έλειψε απ' το κάρο
έξω να μας γκρεμίσει.

Έδειχνε σήμα αριστερά
και πήγαινε στα δεξιά.
Στα stop τα σήματα και φώτα
δε σταματούσε όπως πρώτα.

Είχε γίνει excited
και είχε πάρει φούρια
όλων τα σπίτια θα γκρεμίσ'
και θα τα χτισ' καινούργια.

Θα κάνει λέει χαρούμενο
και συγγενή και φίλο
την Αντιγόνη θ' αγοράσ'
ένα καινούργιο σκύλο.

Την Ερατώ θα πάρει
καινούργιο ένα σφυρί
να αντικαταστήσ' εκείνα
που έσπασε η καψερή.

Δολάρια θα γέμιζε
στην τσάντα τη Μορφούλα
ίσως να σταματήσει
και κόψει την μουρμούρα.

Σφυρίχτρα την Πανάγιω
θα πάρει να σφυρίζει
να μην πονάει ο λαιμός
το θείο όταν τσιρίζει.

Θα πάρει τη Χρυσούλα
καινούργιο ένα κάρο
τους γκάνγκστερς θα πληρώσει
να σκοτώσουνε τον Χάρο.

Εμένα θα μ' αγόραζε
ένα κοπάδι γίδια
το Μήτσο Νούκα είπε
θα τον φιλήσ' τα φρύδια.

Και αφού θα έκανε αυτά
τα παραπάνω εκείνα
κατόπιν θα μας έστελνε
όλους μας στην Κίνα.

Μα φθάνοντας στην γκροσαρία
μας λύθηκε η απορία.

Τους αριθμούς του Megabucks
έχουν με την αράδα
μα το λαχείο
δεν ήταν για αυτή την εβδομάδα.

Ούτε σκύλο η Αντιγόνη
ούτε η Ερατώ σφυρί
ούτε κάρο η Χρυσούλα
καμιά δεν ήταν τυχερή.

Όλα σάρωσαν με μία
χάθηκαν οι ελπίδες
σφυρίχτρα έχασε η θεία
και η εγώ όλες τις γίδες.

Τα κέρδισε μια γριά
τα δέκα εκατομμύρια
είχε και το λαχείο
είχε και τα τεκμήρια.
Είχε παλιό το κάρο
και χρήματα δεν είχε
μα τώρα στα γεράματα
βουνό της ήρθε η τύχη.

Όνειρα ήτανε για μας
και όλα περασμένα
και ο Μήτσος Νούκας έμεινε
με τα βρακιά κατεβασμένα.

Η νύχτα

Σαν έρχεται η νύχτα
και το σκοτάδι απλώνεται
παντού γαλήνη επικρατεί
το παν γύρω νεκρώνεται.

Πώς με τρομάζει η σκοτεινιά
τί φρίκη είναι τα βράδια
και τ' άσπρα μαύρα φαίνονται
στης νύχτας τα σκοτάδια.

Μόλις νυχτώσει τα πουλιά
πηγαίνουν στην φωλιά τους
κι' κλέφτες ετοιμάζονται
να πάνε στην δουλειά τους.

Η κότες κακαρίζουνε
και το σκυλί γαυγίζει
τους ορνιθώνας αλεπού
τη νύχτα καθαρίζει.

Κι' ο λύκος περιμένει
να πέσει το σκοτάδι
να κάνει το γιουρούσι του
και εκείνος στο κοπάδι.

Τη νύχτα μανταλώνονται
παράθυρα και θύρες
τη νύχτα ονειροπολούν
ανύπαντρες και χήρες.

Ακόμα και ο έρωτας
τη νύχτα άνθη δρέπει
παρ' όλον που είναι αόμματος
όμως τη νύχτα βλέπει...

Όταν ο ουρανός βροντά
αστράφτει και μουγκρίζει
αρχίζει σιγοβρέχει
και ο βοριάς σφυρίζει,
και εις το τζάμι η βροχή
χτυπά σαν ψιχαλίζει.

Και στο ζεστό κρεβάτι σου
κοιμάσαι τυλιγμένος
ώ, πόσο τότε αισθάνεσαι
πως είσαι ευτυχισμένος.

Κι' όταν στη φύση απλώνεται
γαλήνια σιγή
και του στοιχειού περάσει
η άγρια οργή.

Στης νύχτας τη ρομαντική
την τόση σιγαλιά
η νιόπαντρες στον έρωτα
μεθούνε τα φιλιά
και σπαρταρούν στην δροσερή
γαμπρών την αγκαλιά.

Μ’ αγώνες τέτοιου είδους
και παρομοίους τρόπους
νύχτα ποιούσι οι άνθρωποι
τους άλλους τους ανθρώπους.

Με συγχωρείτε πάντως
δι’ εκφράσεις σαν κι’ αυτάς
μα όμως επιτρέπονται
όλα στους ποιητάς.

Εις στην ξετσιπωσιά μου
δεν μου περνά ούτε όνος
και είπε ένας ποιητής
του περασμένου αιώνος.

«Αν δεν υπήρχε το τυφλό
παιδί της Αφροδίτης
που για να ζήσει σήμερα
πρεπ’ νάσαι τραπεζίτης
γυναίκα εις τα μάτια τους
δεν θάβλεπαν ποτέ
οι αφελείς φιλόσοφοι
καθώς και οι ποιηταί».

Σήμερα γάμος γίνεται στο σπίτι του Παρδάλη
θα φάμε θα γλεντήσουμε θα γιν' χαρά μεγάλη.

Παντρεύεται ο Αριστείδης παίρνει την καραμέλα
θα γίνει λέει πάταγος θα γιν' μεγάλη τρέλα.

Ο Αριστείδης θα το πω είναι ο ειδικός μου
στις δύσκολές μου ώρες μ' φέρθηκε σαν γιός μου.

Σαν έσπασα το χέρι μου αυτός ήρθε να με δει
και μ' έφερε μια πίτσα γεμάτη με τυρί.

Και όταν η μέση ήμουν μεσοκομμένο φίδι
πάω βλέπω στη πόρτα πάλι τον Αριστείδη.

Θείε μου λέγει κουράγιο συνέχισε την αγωνία
και όταν θέλεις εμένα τηλεφώνα.

Και όταν εγχείρηση έκανα από τον καταρράκτη
πάλι με τηλεφώνησε να δει αν θέλω κάτι.

Μια μέρα του έπιασα το χέρι και του λέω
Άρη είναι καιρός να παντρευτείς να νοικοκυρευτείς
πάρε μια Ελληνίδα έλα παιδί μου έλα.

Και εκείνος μου λέει
Θείε καλές είναι οι Ελληνίδες αλλά
όταν βλέπω την καραμέλα
η καρδιά μου χορεύει σαν σκαντζόχοιρος
χτυπάει σαν ταμπούρλο θείε μου έρχεται τρέλα.

Μονολογώ και λέω
φεγγαράκι μου λαμπρό φέγγε μου να οδηγώ
να πηγαίνω στην αυλή της να την κλέβω το φιλί της.

Δεν ξέρω που την βρήκα
έχει μεγάλη γλύκα.

Θολώνει το μυαλό μου με λιώνει το φιλί της
κατάλαβα παιδί μου
σ' έχει δέσει απ' το βρακί της.

Και η Kandice λέει
δεν έχει δίκαιο Άρη
εγώ λέει έχω το όνομα και εσύ έχεις τη χάρη.

Δε λέω πολλά λόγια ένα μονάχα ένα
εσύ είσαι πιο γλυκός από μένα.

Άρη αν είναι έτσι παιδί μου έχετε την ευχή μου
θα σας θυμάμαι πάντα μέσα στην προσευχή μου.

Η εκκλησία γέμισε χτυπούνε η καμπάνες
δακρύζουνε από χαρά πατέρες και οι μάνες.

Η Kandice μεσ' την εκκλησία
σαν κούκλα είναι ντυμένη, ο Άρης τρέμει και λέει
Θεέ μου είναι οπτασία
ή Άγγελος κατεβαίνει.

Στο Ησαΐα τον χορό ο Άρης ήταν Άσσος
τον καμαρώνει η νονά και ο νονός ο Kassos.

Του Τέλη η αγγελική φωνή ανοίγει τα ουράνια
και κατεβαίνει κι' ευλογεί Άγγελος τα στεφάνια.

Ο πατήρ Μακάριος υψώνει την φωνή
αντιλαλούν οι θόλοι ηχούν οι ουρανοί.

Την τελετή την έκανε αγγλιστί και ελληνιστί
και πάθαν λίγο σύγχυση όλοι εκεί οι πιστοί.

Στο τέλος λίγο μίλησε δεν είπε και πολλά
όλα μας τα εξήγησε όλα πήγαν καλά.

Εις το Deburo φάγαμε εκεί μεζέδες πρώτα
φάγανε ύστερα roast beef είχανε δε και κότα.

Εκεί που όλοι γλεντούσανε και όλα ήτανε up up
ο φίλος του Άρη τούδωσε μια τζάρια με ketchup.

Και ο Θανάσης χόρευε και έριχνε κατσιές
και η Ευανθία έλεγε όχι έριχνε κλωτσιές.

Στο Weirs τώρα ο Άρης θα πάει παντρεμένος
δεν θα θυμώσει λέει ο μπαμπάς του ο καημένος.

Οικογενειακώς μας ήρθε η Μαργαρίτα η Βολιώτισσα
τραγούδια έλεγε πολλά η Δήμητρα η Πειραιώτισσα.

Η Δήμητρα τραγουδούσε χτυπούσε και το ντέφι
ανάβανε τα αίματα και όλοι είχαν κέφι.

Η νύφη επάνω στον χορό ήταν μια ατσίδα
ήταν το πρώτο βάπτισμα που έγινε Ελληνίδα.

Οι βλάμισσες χορεύουνε κρατούσαν και μπουκάλια
άλλες το πήγαιναν καλά και άλλα ήταν χάλια.

Η Αντιγόνη όλα χαρά που έγινε πάλι πεθερά
πηδάει ο κουμπάρος μου δεν πατάει το χώμα.
Α! νομίζω το λέει ακόμα...

Όλοι εύχονται στο ζευγάρι να ασπρίσουν να γεράσουν
τα εκατό να φθάσουν.

Και το Βασίλη Γάκη που δυο κορμιά ενώνει
να είναι πάντα άξιος και όλο να στεφανώνει.

Δεν μπορώ πρέπει να ευχηθώ τον νέο γαμπρό και εγώ.

Να έχετε αγάπη με γέλια και τραγούδια
και εκεί που περπατάτε ν' ανθίζουνε λουλούδια.

Σήμερα που έγιναν τα άγια στέφανα σας
μη χάσετε την πίστη σας και η Παναγιά κοντά σας.

Να χτίσετε οι δυο σας τη φωλιά στου έρωτα την αγάλια.

Η γλύκα και η φλόγα σας όλο να δυναμώνει
και απ' την πολύ θερμότητα κι' ο πάγος ακόμα να λιώνει.

Πίκρα να μην γνωρίσετε ν' ανθίζουν πασχαλούδες
και γύρω σας μόνο να πετούν πουλιά και πεταλούδες.

Και οι γονείς να ζήσουνε πολλά πολλά τα χρόνια
να ιδούν πολλά εγγόνια.

Σε όλους τους ανύπαντρους την δίνω την ευχή
και όλοι εμείς οι γέροι καλή ψυχή.

Remember one thing
men from the day they are born are groomed
and perfected constantly
and when the get married they are FINISHED.

THE women when they are engaged, they float
and when they get married, they put their foot down.

Οι γυναίκες όταν αρραβωνιάζονται πετούν
και μόλις παντρευτούν πατούν πόδι.

THE Fundamental Rule of a successful marriage
if you are wrong admit it
if you are right SHUT UP.

St. Paul said
Love is the seal of perfection
congratulations and good luck
I love you both.

Πέντε νομάτοι είμαστε

μια όμορφη παρέα

που συζητούμε πάντοτε

για κείνα τα ωραία...

Περνάμε πάντα όμορφα

ποτέ δεν τα λερώνομε

με λίγο ουισκάκι

στο Boston ξημερώνουμε.

Θα προσπαθήσω αν θέλετε

να σας τους περιγράψω

και δυο λογάκια χτυπητά

για όλους μας θα γράψω.

Αρχίζω απ' το μικρότερο

με όλο μου το θάρρος

διότι όταν παντρευτεί

θα γίνω και κουμπάρος.

Κατάγεται απ΄ την Ήπειρο

του Πύρρου την πατρίδα

που άδοξα τον σκότωσε

μια παλιοκεραμίδα.

Τούτος εδώ ονειρεύεται

φιλόσοφος να γίνει

τις καταχρήσεις έκοψε

νεράκι μόνο πίνει.

Μα στη φιλοσοφία του
δε βάζει μία τάξη
στη θεωρία στωικός
και κυνικός στην πράξη…

Σε θέματα πολιτικά
πολύ αναμιγνύεται
λαμβάνει στάση σοβαρή
Γκρομύκο υποδύεται.

Πολύ τον εξυψώσαμε
τον Κύριο Παρδάλη
ας τον αφήσωμ' ήσυχο
μην πάθει καμια ζάλη.

Αφού το ποίημα άρχισα
και μπήκα στο μεράκι
ολίγον θα ασχοληθώ
και με το μπατζανάκη.

Τούτος είναι δυναμικός
με στήθος σαν το βράχο
άλλοι τον λένε στ' όνομα
κι άλλοι τον λένε βλάχο.

Μα ο βλάχος μετονόμασε
κάποιον απ' την παρέα
δεν τον φωνάζει στ' όνομα
τον βάφτισε ψηλέα.

Είναι δερβίσικο παιδί
και εξηγιέται φίνα
παρόλον που κατάγεται
από τη Σαμαρίνα.

Έχει και τούτος βέβαια
κάτι ελαττωματάκια
την κοπανάει κανονικά
σαν βλέπει κοριτσάκια...

Επί το πλείστων εύθυμος
σπάνια αφηρημένος
μαυτό όμως δεν έπεται
πως είναι ερωτευμένος.

Όταν βρεθούμε μόνοι μας
υπόσχεση μας δίνει
σ' εμφάνιση όμως θηλυκού
παπάς λέει θα γίνει...

Πολιτικώς τον κάναμε
τον λένε Μορβίλ ισότιμο
και ας λέν οι βλάχοι τόχουνε
στο γόνατο φιλότιμο.

Τώρα θα περιγράψουμε
τον Τζίμη το Μουλάρα
που μ' αεροπλάνο το 'σκασε
και πήγε στην Ελλάδα.

Διδάσκαλος της κοπτικής
και κομμωτής συνάμα
απ’ το μακρύ ταξίδι του
δεν στέλνει ένα γράμμα.
Και αν μας στείλει βέβαια
ένα στη τριμηνία
δεν βάζει ούτε όνομα
ουτ’ ημερομηνία.

Επί το πλείστων σοβαρός
και συμβουλές γεμάτος
όμως για γυναικοδουλειές
αλλάζει αυτομάτως...

Σαν δάσκαλος της κοπτικής
ζητάει αμοιβή
μα η τιμή που πρότεινε
είν’ λίγο αλμυρή...

Παρόλο που είναι μακριά
εμείς δε θα ξεχάσουμε
μόνοι αν μας έρθει διπλός
τότε θα ησυχάσουμε.

Κανόνισε Δημήτρη μου
και φέρε μας καμία
διότι εβρισκόμεθα
σε άκρα αγονία...

Είδηση όμως ξαφνική
όλους μας χαροποίησε
ο Μήτρος μας παντρεύτηκε
το μέλλον του τακτοποίησε.

Μα πιο πολύ χαρήκαμε
που πήρε ελληνοπούλα
και αν θέλετε να ξέρετε
την λένε και Σταυρούλα.

Μπλέκεται στα πολιτικά
μιλάει και αυτός για κείνα
και υποδύεται ανοιχτά
τον Τσου Εν Λάι απ’ την Κίνα.

Περιγραφή θα αρχίσουμε
του Μπίλη απ’ ευθέως
που μοιάζει καταπληκτικά
του Κρούτσεφ της Ρωσίας.

Είναι φιλότιμο παιδί
και δεν χαλά χατίρι
όμως τ’ αρέσουνε κι’ αυτού
γυναίκαι και ποτήρι.

Θα μείνω επιφυλακτικός
να μην το παρακάνω
εις της περιγραφή αυτού
του Ελληνοαμερικάνου.

Πολιτικώς ανέλαβε
το Λόυδ απ' την Αγγλία
αν και από πολιτικά
δεν ξέρει που παν τα τρία.

Έχουμε και έναν άλλονε
που ήταν στρατιώτης
είναι σε όλα μερακλής
είναι και πατριώτης.

Μ' αυτόν δεν ασχολήθηκα
γιατί μπελά να βάλω
τώρα που μας επέστρεψε
τώρα θα του τα ψάλω.

Αυτός μας ήλθε ως βλέπετε
μεγάλος και σπουδαίος
κι' αυτό το κάνει
για να δειξ'
πως είναι Ευρωπαίος.

Τον κάθε ένα από μας
τον λέει Αμερικανάκι
μα στην παρέα πούμπλεξε
θα γίνει και αυτός αρνάκι.

Νομίζω δεν θα αρνηθεί

να πει εις την παρέα

σε τι διαφέρει η Αμερικανή

από μια Ευρωπαία.

Πολιτικός ανέλαβε

το Ντόκτορ Αντενάουερ

αν και υπηρετούσε

προς χάρη του Αϊζενχάουερ.

Τώρα έφτασε και η σειρά

του δόλιου του ψηλέα

αφού πρώτα του έψαλε

όλου εις την παρεά.

Σ΄αυτόν εδώ είναι δύσκολο

να κάνω κριτική

για αυτό καλόν θα είναι

να κάνω τουμπεκί.

Αν τον παρουσιάσω εγώ

Ως μέγα ποιητή

εσείς θα τον περάσετε

για μέγα εγωιστή.

Κι αν προσπαθήσω μόνος μου

για να τον εξυψώσω

θα γελοιοποιηθώ

και θα τα θαλασσώσω.

Σαν Χέρτερ της Αμερικής
με δίχως δισταγμό
υποστηρίζει ο φαντασμένος
τον καπιταλισμό...

Και τώρα σας παρακαλώ
ήσυχο να μ’ αφήστε
και αν θέλετε περισσότερα
μόνοι σας συνεχίστε...

ΠΟΥ ΕΙΝ΄ ΤΑ ΧΡΟΝΙΑ ΤΑ ΠΑΛΙΑ

Που ειν' τα χρόνια τα παλιά και τα ευλογημένα,
που ζούσαμε όλοι απλά και όλοι ευτυχισμένα.
Που 'ναι τα χρόνια τα παλιά που οι διπλοπροσωπία
ήτανε λέξη άγνωστη μέσα εις την φιλία.
Τώρα η μάνα μας η ίδια να πάει στο παιδί της
πρέπει να 'χει πρόσκληση για την υποδοχή της.
Άλλαξαν τώρα οι καιροί, δεν είναι όπως πρώτα
που ζούσαμε όλοι απλά, δεν είχαμε μηδέ πόρτα.
Τώρα εσκορπιστήκαμε σαν τους λαγούς στα δάση
και μόνο η Εκκλησία μας μπορεί να μας εμάσει.
Για θυμηθείτε τον καιρό της μάνας μας το μαγειρείο
που ετοίμαζε ένα φαΐ και τρώγαμε όλοι μαζί.
Νέοι και γέροι και παιδιά μια κατσαρόλα στη φωτιά.
Τώρα καθένας ξεχωριστό άλλος ψητό, άλλος βραστό.
Άλλος δίαιτα κρατά, τον βλάπτουν τα τηγανιτά.
Άλλοι με τις βιταμίνες ζουν να χάσουν πάουντς πολεμούν.
Στο τέλος λίγο ή πολύ όλοι πεθαίνουν από χολή.
Πούναι εκείνη η εποχή που όλοι περπατούσαν
και ζωντανά τα αίματα σ' όλους κυκλοφορούσαν.
Τώρα όλα μηχανικά και όλα μας πειράζουν,
τα νεύρα χάπια καρτερούν, αλλιώς δεν ησυχάζουν.
Που 'ναι εκείνος ο καιρός που ήταν ο γάμος ιερός,
όταν νικούσε η προξενιά του έρωτα την λεβεντιά.
Και όταν στεφανόντουσαν να ζούνε μέχρι θανάτου χωρισμού
και όταν βαφτίζαν το παιδί τί έκσταση ήταν αυτή!
Εις τον παππού και την γιαγιά να των ανοίγει την καρδιά
το όνομά τους να ακουστεί, ουδέποτε να ξεχαστεί.
Μεγάλη ήταν κληρονομιά το όνομα στην φαμελιά.

Επέρασε τώρα και αυτό ανήκει στον παλιό καιρό.

Έτσι παγώνουν οι καρδιές και αλλάζουνε και οι γενεές.

Πούναι τα χρόνια τα παλιά, τα χρόνια τα ωραία,

που με τραγούδι και μεζέ γλεντούσε μια παρέα.

Πού 'ναι τα χρόνια τα παλιά, τα διαμαντένια χρόνια,

όπου υπήρχε σεβασμός και νιώθαμε συμπόνια.

Καθένας τώρα προσπαθεί τον άλλο να περάσει

και εις το χρέος πνίγεται ωσότου να γεράσει.

Μας πλάκωσε η απονιά, μας ζάλισε το χρήμα,

χάσαμε τα εθίματα και πέσαμε στο κρίμα.

Λυπήσουμε μας πάλι Θεέ και μη μας κατακρίνεις

Εσύ που πάντα έλεος εις τα παιδιά σου δίνεις.

Συγχωρέσε τα λάθη μας, δώσε μας την γαλήνη

που μας εδίδαξε ο Χριστός με την ταπεινοφροσύνη.

«Δει δε χρημάτων και άνευ τούτων

ουδέν εστί γενέσθαι των δεόντων»

- Δημοσθένης

Το Χρήμα

Το παν στη ζωή δεν είναι το χρήμα

μα δίχως αυτό δεν κάνεις βήμα

αυτό τις πόρτες όλες ανοίγει

πολλές φορές το δίκαιο πνίγει.

Σ 'αυτό τις ρίζες έχει ο φθόνος

της συνειδήσεως είναι δολοφόνος.

Το χρήμα είναι καλός υπηρέτης

αλλά άσχημο αφεντικό.

Ο Έρωτας

Ο έρωτας λένε αρχίζει στα μάτια
και κατεβαίνει μες στην καρδιά
πολύ δεν αργεί να την κάνει κομμάτια
και αφήνει πληγή μέσα βαθιά.

Όλοι τον λένε πως είναι τυφλός
και πως διάκριση αυτός δεν κάνει
μα αν πάρει το τόξο του ο παλαβός
ποτέ τον στόχο του δεν τον χάνει.

Στο πιο ευαίσθητο χτυπά σημείο
το βέλος το φαρμακερό
τα μάτια σου βγάζουν φωτιές και τα δυο
σε κάνει τρελότερο και από τον τρελό.

Τα θύματα τα δελεάζει
ποτέ τα όπλα του δεν τα δείχνει
με τα λουλούδια τα πλησιάζει
και στη καρδιά τους μαχαίρι μπήχνει.

Τα θύματά του δεν τα σκοτώνει
στα φυλλοκάρδια τους μπαίνει κρυφά
τα μαραζώνει τα κρυφολιώνει
και σαν αιμοβόρος που είναι γελά.

Αυτός εν ολίγοις είναι ο έρως
και δεν υπήρξε ανθρώπινο ον
είτε νέος, είτε γέρος
που δεν επληγώθει απ' αυτόν.

Βγάλαμε πρόεδρο τον Ντόναλτ Τραμπ
και νομίσαμε θα έκανε μπαμ,
μα αυτός είναι τρελοκομείο
και ανήκει στο ψυχιατρείο.

Εγώ νόμισα πως έχει μπέσα,
μα αυτός κάθε φορά που ανοίγει το στόμα
βάνει το πόδι του μέσα!

Με το πόδι μέσα στο στόμα,
να μην τον θέλει ούτε το δικό του κόμμα!

Από το Κογκρέσο τρώει σφαίρες σαν χαλάζι
και όλο σύμβουλους αλλάζει.

Περιβάλλον, μόλυνση και υγεία,
είναι (δυστυχώς) θέματα πλέον χωρίς ουσία.

Θέλει να τα κάνει όλα μοναχός,
δεν πήγαινε ο φουκαράς να γίνει ταυρομάχος.

Δεν ξέρω ποιος μας έριξε της έριδος το μήλο
δεν έχουμε στον κόσμο ούτε ένα φίλο.

Ρωτάει ο Τραμπ τον Πούτιν

- Πώς κυβερνάς με τόση επίδραση;

- Απλώς σκοτώνω την αντίδραση.

- Τί λέει ο λαός;

- Τί να πει ο λαός;

- Οι αντίπαλοι μου πεθαίνουν μυστηριωδώς!

- Τί γίνεται με την Ουκρανία;

- Καλά να πάθει η Ουκρανία!

- Ζητούσε με την Δύση φιλία.

- Τί γίνεται με την Κριμαία;

- Τίποτα. Αυτά είναι ψευτοαμερικάνικα νέα.

Ο Αλέξης Τσίπρας με όνομα μεγάλο

δεν φοράει γραβάτα

και στις φωτογραφίες στην Ευρώπη,

φαίνεται σαν την μύγα μεσ' στο γάλα.

Μόλις εξελέγει η απόφασή του πρώτη

ήθελε να πάει στην Ευρώπη.

Με αλαζονεία λέει στην Γερμανία

- Όχι στην Ελλάδα λιτότητα! Όχι Τρόικα!

Εμείς είμαστε αλάνια, έχουμε και αλλού λιμάνια.

Η Μέρκελ του λέει

- Να πας παιδί μου στο κόσμου την άκρια,

αλλά να μην γυρίσει πίσω με δάκρυα.

Πήγε Ρωσία, Κίνα, Αμερική
γύρισε πάλι στην Ευρώπη με τα μούτρα κάτω
και χωρίς βρακί.

Πάλι η λιτότητα στην Ελλάδα,
πάλι η Τρόικα στην Αθήνα
και ο λαός ψοφάει από την πείνα.

Η αντιπολίτευση θέλει εκλογές
να γίνουν λέει αλλαγές.

Δηλαδή θα αλλάξει ο Μανωλιός
και θα βάλει την κάπα αλλιώς!

Όταν εξελέγει ο Τσίπρας, το χρέος 300 δισεκατομμύρια
τώρα είναι 328 δισεκατομμύρια.

Πάνω κάτω στην Ευρώπη τα ίδια και τα ίδια
και η Μέρκελ τον Τσίπρα τον έδεσε από τα αρχίδια!

Από τον Ανδρέα Παπανδρέου μέχρι τον Τσίπρα
οι κυβερνήσεις χρεωκόπησαν την Ελλάδα,
αχ που είσαι Πλαστήρα να τους βάλεις
όλους στα πέντε μέτρα αράδα αράδα!

Οι αρχαίοι Έλληνες το λέω με περηφάνεια
είναι αστέρια φωτεινά εκεί πάνω στα ουράνια
από του ουρανού το θόλο φωτίζουν τον κόσμο όλο.

Ο Τραμπ τριγαμία, ο Πούτιν διγαμία

και ο Τσίπρας ο άθεος συζεί παράνομα με μία.

Ο Τραμπ, ο Πούτιν και ο Τσίπρας

πολλοί τους λένε τρία αλάνια,

ασπάζομαι την γνώμη τους

αλλά εγώ νομίζω είναι τρανά τσογλάνια.

Ο φιλόσοφος και αστρονόμος Θαλής ο Μιλήσιος,

πρόβλεψε με ακρίβεια την έκλειψη του ηλίου

28 Μαΐου 585, ο πρώτος στον κόσμο!

Η γυναίκα του Ηρακλή, έδωσε στον Ηρακλή

μια ενδυμασία βουτηγμένη σε δηλητήριο

και τον σκότωσε

αμέσως όμως αυτή αυτοκτόνησε!

Όταν γεράσει ο άνθρωπος δεν εγκαταλείπει τον πειρασμό

τον εγκαταλείπει ο πειρασμός.

Στο χωριό μου λέγαμε το πιάτο μπσούρα

και την ψωλή την λέγαμε τσούρα.

Για να βγάλει το χρέος χρειάζονται πολλά γρόσια,

θα πάρει εξήντα χρόνια ίσως και τρακόσια.

Subject: Satire on Greek Politics

Ο Σαμαράς και ο Λαός υπογράψανε συμβόλαια

ο μες εις να κυβερνάει και ο άλλος να πεινάει

Ω Ελλάς μεγάλη χώρα και τρανή κ' ιστορική

οι καρχαρίες τρώγουν πίνουν και ο λαός δεν εχ' βρακί.

Οι σύμμαχοι την Γερμανία κάποτε την κάναν στάχτη

οι Γερμανοί τώρα την Ελλάδα την πατούν και βγάζουν άχτι.

Δάνειο μας δώσανε και το λεν μνημόνιο

να γιατί το χρέος θα είναι αιώνιο.

Που το λεν μνημόνιο δεν μας κοροϊδεύουν

όταν θα τα πάρουν όλα τότε θα μας μνημονεύουν.

Η Γερμανία λέγει την Ελλάδα σήκω-κάτσε σήκω-κάτσε

ζαλίστηκε η κυβέρνηση και μας έβαλε χαράτσι.

Αδειάσαν όλα τα ταμεία δεν υπάρχ πεντάρα μία.

Απεργούν οι δικαστές απεργούν και οι συντάκτες

τώρα λεν θα απεργήσουν οι ιερείς και οι νεκροθάφτες.

Ξεσκέπαστα τα πτώματα θα βάλουν αράδα-αράδα

και από τη δυσωδία θα βρομήσει όλη η Ελλάδα.

Από την απελπισία σειέται όλη η γη

και ξεφύτρωσε ένα κόμμα λέγεται χρυσή αυγή.

Παίρνουνε μαθήματα με πολλά συνθήματα.

Πάμε παιδιά όλοι μαζί για τη Θεσσαλονίκη
να δούνε τα καθάρματα πως φέραμε την νίκη.
Εμπρός παιδιά όλοι μαζί Πειραιά και Αθήνα
να δούνε τα καθάρματα πως τα περνάμε φίνα.

Εκεί στο Κολωνάκι
τους λαθρομετανάστες τους φέραμε καπάκι.

Ένας Δεσπότης πρότεινε για να τους αφορίσουν
με μια κατάρα λένε για να τους διαλύσουν.

Όλοι ενθουσιάστηκαν πήραν μεγάλη φούρια
μα ο Αρχιεπίσκοπος λέει δυστυχώς
δεν πιάνει ο αφορισμός στα παλαιά γαϊδούρια.

Στις άλλες εκλογές λέει ο Λαός ποιον να δώσουμε τα σκήπτρα;
Φοβάμαι η απελπισία βοηθάει πολύ τον Τσίπρα.

Και ρώταγε θα μπορέσει ο Τσίπρας να μας κυβερνήσει;
Γιατί όχι αν δεν μπορέσει να μας κυβερνήσει θα κάνει
ότι μας κάνουν οι άλλοι: Θα μας κωλογαμήσει.

Εάν βγει η Παπαρήγα
δεν θα μείνει στην Ελλάδα μύγα.

Μόλις βγει στην εξουσία
θα τους στείλει όλους εξορία.

Θα βγάλει ένα παλαιό άχτι
θα αφήσει μόνο το Ριζοσπάστη.

και οι Άγγελοι και οι Διαβόλοι.

Πρώτα φταίγανε οι Άγγλοι ύστερα οι Αμερικανοί
τώρα φταίγουν οι Γερμανοί.

Αφού αυτό δεν τους φτάνει
τους φταίνε και τα ρούχα που φοράνε.

Δίνουν στους μετανάστες τη δουλειά την πιο βαριά
και ο ένας γελάει τον άλλο πάντοτε με πονηριά.

Οι πολιτικοί τα βάζουν όλα στου λαού τις πλάτες
και ο λαός τους υποδέχεται με κλούβια αυγά και με ντομάτες.

Αχ που είσαι στρατηγέ Πλαστήρα
που σε λέγανε σωτήρα.

Με το όπλο σε μια πέτρα
να τους βάλει όλους στα πέντε μέτρα.

Ο Βενιζέλος ο φουκαράς
είναι πολύ κοιλαράς
του έπεσε νταμπλάς και shock
γιατί διαλύθηκε το ΠΑ.ΣΟ.Κ..

Τα παιδία παίζει Αττική σύνταξις
οι γέροι πεινάει Ι.Κ.Α. σύνταξις.

Η Παγκόσμιος Ιστορία Πολιτισμού λέει:

Η ολιγαρχία συγκεντρώνει δύναμη σε λίγα άτομα

αλλά προκαλεί μνησικακία, δυσαρέσκεια και επανάσταση.

Η δημοκρατία υπόσχεται ελευθερία αλλά προκαλεί χάος

και οχλαγωγία διότι όλοι θέλουν ελευθερία αλλά

πολλοί ολίγοι αναλαμβάνουν ευθύνες.

Όταν η οικογενειακή ενότητα και η νουθεσία σαπίσουν

ούτε θρησκευτικά κηρύγματα ούτε νόμοι μπορούν να τα αποκαταστήσουν.

Είδε ο Ηλίας κάποια μέρα

τη γλυκιά μας Παναγιώτα

τούρθε ο ουρανός σφοντύλι

τον αλλάξανε τα φώτα.

Μάνα μου είδα μια κοπέλα

στο κεφάλι μ' ήρθε τρέλα

έχει μάτια όμορφα

και γαϊτονωτά τα φρύδια

μάνα μου από σήμερα

η καρδιά μ' δεν είναι η ίδια.

Μάνα μου την αγαπώ

αυτή την Pamela του Κάσσου

μάνα θα την παντρευτώ.

Αχ δεν θέλω να την χάσω.

Παναγία αχ να πάρω

αυτή την εγγονή του Κούστα

στη ζωή μου κάνω όρκο

θα την κάνω όλα τα γούστα.

Η Παναγιώτα στο σχολείο

με χαρτιά και με βιβλία

και σε κάθε μια σελίδα

η εικόνα του Ηλία.

Μάνα μ' είδα παλικάρι

όλο ομορφιά και χάρη

μοιάζει λίγο σαν τον Τέλη

θαύμα είναι αυτό τρανό

είναι μάνα μου ψηλός

φτάνει ως τον ουρανό.

Μέσα στις καρδιές σαράκι

όλο ελπίδα και μεράκι.

Την Πρωτοχρονιά η Πούλκα

που θα πάω λέει αλλού

στο χορό της εκκλησίας

θάναι λέει και ο Lou.

Και στις δώδεκα η ώρα

αλλαγή του χρόνου ήδη

βρέθηκε η Παναγιώτα

με διαμάντι δαχτυλίδι.

Μόλις τόμαθε ο νουνός

συγκινηθεί ο φουκαράς

και τα πρώτα της χρονιάς

ήταν δάκρια χαράς.

Ο νουνός και η νουνά

λένε στα δύο αγγελούδια

νάχουν πάντα στην ζωή τους

όλο αγάπες και τραγούδια.

Τώρα Πούλκα μου που βρήκες

το λεβέντη τον Ηλία

να λάμπει λέω από τιμή

ο χορός του Ησαΐα.

Και ύστερα μπροστά σας θάναι

της ζωής σας τα μεγαλεία

και ο Παύλος λέει η αγάπη

φέρνει πάντα αρμονία.

Μα τί ήταν αυτό
που έγινε το ογδόντα οχτώ
δύο μεγάλες συμφορές
πέντε γάμοι και χαρές.

Να μην σε βάλ' ο Χάρος
στου ντουφεκιού τη μπούκα
μας πήρε τον Κώστα τον Κοσμά
και Θείο Μήτσιο Νούκα.
Άρχισε η χρονιά με πόνο
τελείωσε στον ίδιο τόνο.

Ανάμεσα στις συμφορές
είχαμε πέντε χαρές.

Ο Θανάσης ο γιατρός
κάνει αρχή και βάζει μπρος
πήρε την ωραία Debbie
στο ανάστημα και οι δυο
είναι ζεύγος καθώς πρέπει.

Η ευτυχία όλο χαρά
που θα γίνει πεθερά
και ο κυρ Αντωνιάδης
πετάει πάνω στις Πλειάδες.

Ο Θανάσης πήρε πρώτα
και ύστερα η Παναγιώτα
που μας πήρα τον Ηλία
κι' έχει λίγο φασαρία.
Είναι όμορφος λεβέντης
με χαρίσματα μεγάλα
όμως για να τον φιλούμε
χρειαζόμαστε μια σκάλα.

Μη σε μέλει Παναγιώτα
που ειν' ψηλός και εσύ κοντή
ο μπαμπάς μου ήταν ψηλός
η μαμά μου ήταν κοντή
αλλά πέρασε καλά η σκοντή.

Ύστερα εδώ π' τα λέμε
ήρθε ο Graig απ' την Νέα Υόρκη
πήρε την ωραία Ελένη.

Χάρηκε το Κατινάκι
και ο John ο Papageorgiou
όλο στρίβει το μουστάκι.

Το Σεπτέμβριο το μήνα
ο Σταμάτης πήρε την Despina
φούντωσε την πίπα
κι' η Μορφούλα από χαρά
κάθε μέρα φκιάνει πίτα.

Εις το τέλος και εν τέλει
ήρθε και η σειρά του Τέλη.

Τρεις παπάδες κι' ο Δεσπότης
και ο Τέλης ο ιππότης.

Σέρνει τον χορό ο Βύρων
και ακολουθεί ο Τέλης
και σβαρνίζει τη Μαρία
θα σε κάνουν μια κυρία
τους κρατάει τα κεφάλια

ο ξάδερφός της ο Βαγγέλης
και στη δεύτερη στροφή
μπαίν' μπροστά ο παπαβαγγέλης.
Αφού το κέφι έχει ανάψει
τώρα μεσ' την εκκλησιά
ο father Dean από το Γούσταρ
ριχν' κι' εκείνος μια κατσιά.

Εγώ νόμιζα ο Δεσπότης
πως θα σύρει το χορό
μα θαύμα εκείνος ετοιμάζει
καίει το Ιερό
βγήκε και μας είπε
έκανε ο Χριστός το κρασί νερό.

Αυτό το θαύμα στην Ελλάδα
η κρασοπώλοι το κάνουν αράδα
και νάταν μόνο αυτό
κι' άλλο εις άλλα
μας νερώνουν και το γάλα.

Ακολούθησε χαρά
γλέντι έγινε τρανό
και ο Τέλης έκανε
καψώνι το Νουνό.

Όταν ήτανε μικρός
δυο φορές τον πάτησα
με έκανε στην εκκλησιά
και δυο φορές περπάτησα.

Ο κουμπάρος και η κουμπάρα
είναι πάνω στις χαρές
γίνανε πεθερικά
σένα χρόνο δυο φορές.

Ήρθαν απ' άλλα χωριά
και μας πήραν τα παιδιά
μα αυτό δεν ειν' κακό
την πιο καλή σταφίδα
την τρώει το εξωτερικό.

Όπως φεύγουν τα πουλιά
κάποια μέρα απ' τη φωλιά
φύγανε πέντε ζευγάρια
απ' της μαμάς την αγκαλιά.

Όμως το ογδόντα οχτώ
το πιο μεγάλο γεγονός
έγινε 50 χρόνια
της Αγνούλας ο Νουνός.

Ερατώ 23 Αυγούστου 1994

Μόλις τελείωσε τη θεραπεία η Τάνια
αρρώστησες εσύ και πέθανε η μάνα.

Ο θάνατος και η αρρώστια είναι καημός τρανός
και χτύπησε στο σπίτι μας σαν ένας κεραυνός
20 χρόνια πήγαινες κόσμο για θεραπεία
και τώρα στο κεφάλι μας ήρθε η ιστορία.
Καθολικοί, Ορθόδοξοι μαζί και Προτεστάντες
παρακαλούνε το Θεό την Ερατώ να γιάνει.
Και οι μάρτυρες του Ιεχωβά και αυτοί παρακαλούνε
μα ποιόν θα ακούσει ο Θεός δεν ξέρω θα το δούμε.
Εμένα δε με άκουε ο Θεός γιατί είμαι αμαρτωλός
όπως λέει και η γραφή πρόβατο απολωλός.
Τηλεφωνούν πελάτισσες και ρωτούν για σένα
και κλείνουν το τηλέφωνο με μάτια δακρυσμένα.
Ας λυπηθεί λέν ο Θεός τις δύο σου κορούλες
για να τις καμαρώνεις και να τις δεις νυφούλες
να σου χαρίσει ο Θεός στα δυο σου αγγελούδια
να μη μαραίνονται οι καρδιές ωσάν στεγνά λουλούδια.
Άγιος είναι ο Θεός μεγάλο Το όνομά Του
only He has the upper hand ας γίνει Το θέλημά Του
και οι τρεις μας προσευχόμαστε εγώ και τα αγγελούδια
σε φέραμε αγάπη μια αγκαλιά λουλούδια.
Δεν σε αγαπούμε
σε λατρεύουμε!!
Noula Dena Ted

9 Οκτωβρίου 1994

Σήμερα γάμος γίνεται στου Τόλιου το κονάκι
παντρεύεται ο Τέλης και παίρνει το Ντινάκι.

Στην εκκλησία παντρεύτηκαν των δύο οι γονείς
σήμερα βλασταράκια μου παντρεύεστε και εσείς.

Παππάδες δέκα στη σειρά μα όχι ο Δεσπότης
παντρεύεται η Ντίνα και ο Τέλης ο ιππότης.

Πριν από έξι χρόνια του έρωτα το βέλος
σας χτύπησε μες στις καρδιές μα ήταν καλό το τέλος.

Ζητήσανε την Ντίνα μας γιατροί Εβραίοι δικηγόροι
μα η Ντίνα μας έλεγε το έχω εγώ το αγόρι
η καρδιά μου θέλει μονάχα τον Τέλη
και ο Τέλης ο ιππότης που ποτέ δε θα γίνει Δεσπότης
«αν δεν πάρω εγώ την Ντίνα
θα πάρω ένα μπουκάλι κινίνα».

Ο πατήρ Βύρων σήμερα έβαλα τα στεφάνια με μεγάλη περηφάνεια
η αγγελική φωνή του έφτανε στα ουράνια.

Στο Marriot hotel έγινε χαρά μεγάλη
που δεν έγινε ποτέ ούτε θα γίνει πάλι.

Στην αίθουσα δεξιώσεων τετρακόσια πενήντα άτομα ήταν εκεί
και ο πατήρ Βύρων έφερε από το Chicago τη μουσική.

Ο πατήρ Βύρων σέρνει το χορό ακολουθεί ο Τέλης
κρατά τη Κωνσταντία και της λέει σήμερα έγινες κυρία

δέκα παππάδες στο χορό όλοι τους στα μαύρα
ήταν φωτιά και λαύρα
χορεύουν οι παπάδες με χαρά και γέλια
παραλίγο να σπάσουν της μουσικής τα τέλια.

Κάθε φορά που ο πατήρ Βύρων έμπαινε στο χορό
η μουσική έπαιζε δεν μπορώ μάνα δεν μπορώ.

Ο πατήρ Τσουκαλάς χορεύει και πηδάει γιατί μας αγαπάει
ο πατήρ Καψάλης άνοιξε τα φτερά και πετάει από χαρά.

Η Ντίνα χόρεψε με την μαμά της το τραγούδι
«μαμά μου είσαι ο άνεμος κάτω από τα φτερά μου»
"you are the wind beneath my wings".

Η Ερατώ και Ξανθίππη, οι δύο συμπεθέρες
απ' τη χαρά τους πετούνε πάνω στους αιθέρες.

Η Ερατώ δεν μπορεί να κόψει το κρέας με το μαχαίρι
γιατί την πονάει το χέρι.

Εγώ ήταν mixed up τα πλάνα μου
γιατί πριν από δύο μήνες πέθανε η μάνα μου.

Από τα βάθη της καρδιάς και από την ψυχή
δίνω και εγώ στου νεόνυμφους μία ευχή
να μεγαλώνει ο έρωτας σας σαν τα γιασεμιά
και στεναχώριες στη ζωή να μην έχετε καμιά.

Τώρα να χτίσετε την φωλιά στου έρωτα την αγκαλιά
του έρωτα το δέντρο χρυσά να' ναι τα κλώνια
να ευλογήσει ο Θεός και να μας δώσει εγγόνια.

Σήμερα που γίνονται τα Άγια Στέφανά σας
καλή η ώρα και εύχομαι η Παναγιά κοντά σας.

Στέφανα καλά ευχόμαστε στο όμορφο ζευγάρι
στη Ντίνα και στο Τέλη με του Θεού τη χάρη,
την ευτυχία συντροφιά και πάντα αγαπημένη
στο δρόμο να βαδίζετε χαρούμενοι ενωμένοι.

Μεσ' την καρδιά σας πάντοτε η αγάπη να φωλιάζει
και η πικρά να είναι άγνωστη σε εσάς που σας ταιριάζει.

Άγγελο πάντα ο Θεός προστάτη να σας δίνει
στον ίσκιο σας ξεκούραστοι να στέκει η καλοσύνη.

Ανθόσπαρτος ο βίος σας στα χείλη σας να ανθίζει
από χαράς χαμόγελο η καρδιά να πλημμυρίζει.

Γύρω σας μόνο να πετούν πουλιά και πεταλούδες
και οι πεθεροί και πεθερές να γίνουν καλοί παππούδες.

Σε εμάς τους ευτυχείς γονείς τώρα να ευχηθούμε
και σ' άλλα στεφανώματα να συμπαρασταθούμε.

Να αξιώσει ο Θεός να ζήσουν τα παιδιά μας
ευτυχισμένα όπως ποθεί και θέλει η καρδιά μας.

Να τους χαρίσει ο Θεός με υγεία πολλά χρόνια
να καμαρώνουνε παιδιά εγγόνια δισεγγόνια.

Σε όσους είστε ανύπαντροι σας δίνω μια ευχή
να βρείτε όλοι το ταίρι σας και εμείς καλή ψυχή.

Η ζωή δεν έχει ομορφιά
χωρία αγάπη και παιδιά.

Σήμερα γάμος γίνεται στο σπίτι του Βλαχούλη
θα φάμε θα γλεντήσουμε θα καεί το πελεκούδι.

Παντρεύεται η Ιωάννα
εμάγεψε τον Glenn με μάτια της τα πλάνα.

Το νυφικό της μάνας της φορά της πάει μια χαρά.

Ο Γιάννης και η Γεωργία άνοιξαν τα φτερά τους
και πετούν από τη χαρά τους.

Οι βλάμισσες στα μαλλιά φορούν λουλούδια
η Μορφούλα και η Πανάγιω είπαν πολλά τραγούδια.

Ο πατήρ ο Τσουκαλάς από τα βάθη της καρδιάς
και από την ψυχή στους νεονύμφους έδωσε μία ευχή
τους είπες για τη Σάρα, Ρεβέκκα τη Ραχήλ
ξέχασε ή δεν έπρεπε να φορέσει πατραχήλ
τους είπες για τον Αβραάμ, Ισαάκ, Ιακώβ
να έχετε πιο πολύ υπομονή από τον Ιώβ
τους είπες για τον Ζαχαρία, Ιωακείμ και Άννα
τους είπε και δυο λόγια
για Χριστού τη μάνα.

Εβραίος ο γαμπρός ο Glenn τον κάναμε χατίρι
εβραϊκό έθιμο έσπασε ένα ποτήρι.

Γλυκά μεζέδες φαγητά μεγάλη ποικιλία
και όποιος δεν ευχαριστήθηκε δικιά του η αιτία.

Κατέβηκαν οι άγγελοι να χορέψουν τσιφτετέλι

μπήκανε στο κέφι όλοι χόρεψαν και οι διαβόλοι.

Ο Νίκος και ο Χρήστος χορεύουν τσιφτετέλι

και ο Δημήτρης ρίχνει κατσιές ωσάν τον Κολιζέρη.

Από τα βάθη της καρδιάς και από την ψυχή

θα δώσω και εγώ στο ζευγάρι μια ευχή.

Να έχετε αγάπη με γέλια και τραγούδια

κι εκεί που περπατάτε να ανθίζουνε λουλούδια.

Σήμερα που έγιναν τα Άγια Στέφανά σας

μη χάσετε την πίστη σας

κι η Παναγιά κοντά σας.

Να χτίσετε οι δυο σας τη φωλιά

στου έρωτα την αγκαλιά

η γλύκα και η αγάπη σας όλο να δυναμώνει

και από την πολύ θερμότητα και ο πάγος ακόμα να λιώνει.

Πίκρα να μη γνωρίσετε

να ανθίζουν πασχαλούδες

και γύρω σας μόνο να πετούν

πουλιά και πεταλούδες.

Και οι γονείς να ζήσουνε πολλά πολλά τα χρόνια

να ειδούν πολλά εγγόνια.

Σε όλους τους ανύπαντρους τους δίνω την ευχή

και όλοι εμείς οι γέροι καλή ψυχή.

Men from the day they are born

are groomed and perfected constantly

and when they get married

they are FINISHED.

The women when they are engaged, they float

and when they get married, they put their foot down.

Οι γυναίκες όταν αρραβωνιάζονται, πετούν

και μόλις παντρευτούν, πατούν πόδι.

The fundamental rule of a successful marriage:

If you are wrong admit it

If you are right SHUT UP.

St Paul said:

"Love is the seal of perfection".

Congratulations and good luck

I love you both.

Αυτά τα γράφει ο δόλιος

Θεόδωρος ο Τόλιος

12 years ago, I met Lance
and I liked him at first glance.

I told Noula here is a nice boy for a boyfriend
but she said Ba he has a steady girlfriend.

Each one went their way in life
and both had turbulence in their love life.

'Οταν η Νούλα ήταν μικρή επήγε στην Ελλάδα
και ύστερα τα πήρε τα κράτη με αράδα.

Επήγε στην Αγγλία μετά στην Ισπανία εκείθε στην Ρωσία
και τελικά κατέληξε εκεί που ήταν ο Lance
στην Νέα Ζηλανδία.

In New Zealand in a rose garden
the love became ardent.

In front of a rose bush caller Remember me
Lance with a shaky voice said
Αγνή Remember me
I want you to be my wife
for the rest of my life.

And on both came back the smile
which both of them had lost for a while.

When i heard that
with a loud voice I said there is a God.

Είδα φως και είπα υπάρχει Θεός
πλημμυρίσανε χαρά και ανοίξαν τα φτερά
όπως λέει και το τραγούδι.

Σαν με είδες και σε είδα
ο έρωτας μας ήταν κεραυνός και καταιγίδα.

Όταν η Αγάπη μεσ' τα μάτια σε κοιτάει
το μυαλό και η λογική δεν κυβερνάει.

Παραλίγο την Αγνούλα να την ονομάσω Anita
και όταν μεγάλωσε επήγε στη χώρα της Evita
ο Lance και η Αγνή πήγαν στην Αργεντινή.

Λουλούδι εις το χέρι η Νούλα έχει κρίνο
και θα μείνουν λέει δύο χρόνια στο Λονδίνο.

Σήμερα γάμος γίνεται στου Τόλιου τη ραχούλα
παντρεύεται ο Lance και παίρνει την Αγνούλα.

Janice και Ερατώ πετούνε στα ουράνια
και ο Ted μαζί και ο Loni γεμάτοι περηφάνεια.

Και τώρα το ταχύ
θα πει στους νεονύφους κι εγώ μια ευχή.

Σήμερα που γίνονται τα Άγια στέφανά σας
καλή η ώρα και εύχομαι η Παναγιά κοντά σας.

Την ευτυχία συντροφιά και πάντα αγαπημένοι
στο δρόμο να βαδίζετε χαρούμενοι ηνωμένοι.

Μες την καρδιά σας πάντοτε η αγάπη να φωλιάζει
και η πίκρα να είναι άγνωστη σε σας που σας ταιργιάζει.

Άγγελος πάντοτε ο Θεός προστάτη να σας δίνει
στον ίσκιο ξεκούραστη να στέκει η καλοσύνη.

Ανθόσπαρτος ο βίος σας στα χείλη να ανθίζει
από χαράς χαμόγελο η καρδιά να πλυμμηρίζει.

Γύρω σας μόνο να πετούν πουλιά και πεταλούδες
και οι πεθεροί και οι πεθερές να γίνουν καλοί παππούδες.

Να αξιώσει ο Θεός να δούνε τα παιδιά τους
ευτυχισμένα όπως ποθεί και θέλει η καρδιά τους.

Να τους χαρίσει ο Θεός με υγεία πολλά χρόνια
να καμαρώσουνε παιδιά εγγόνια δισέγγονα.

Κάθε ευτυχία ευχόμαστε στο ταιργιαστό ζευγάρι
στη Noula και στον Lance με του Θεού τη χάρη.

Σε όσους είναι ανύπανδροι τους δίνω μια ευχή
να βρούνε όλοι το ταίρι τους κι εμείς καλή ψυχή.

Και ο πατήρ ο Τσουκαλάς με τη γλυκιά φωνή
που σήμερα στεφάνωσε τον Lance και την Αγνή
τους είπε για τη Σάρα Ρεβέκκα τη Ραχήλ
φορούσε και τα ράσα αλλά και πατραχήλ.

Και την κουμπάρα Lena που δυο κορμιά ενώνει
να είναι πάντα άξια και όλο να σταφανώνει.

Dear Lance and Noula

I wish you from the bottom of my heart

Health Happiness Understanding Respect

and above all Love.

"Love is the seal of perfection". St. Paul

Money makes the world go around

but love greases the Axis.

And the golden rule of a successful marriage is:

IF YOU ARE WRONG ADMIT IT

IF YOU ARE RIGHT SHUT UP

I love you both

Ο πατήρ ο Τσουκαλάς

με το χαμόγελο του

σε κάνει πάντα να γελάς

είναι μέγας πωγωνάτος

όχι και πολύ σπαθάτος.

Ήρθε το ’89 και έλαμψε η εκκλησία.

Μας εδίδαξε αγάπη

καλοσύνη ευγνωμοσύνη

αλλά και ελεημοσύνη.

Lunches έκανε για homeless

δεν περίμενα ποτέ

και οι πρώτοι homeless ήταν

ο Χριστός και οι μαθηταί.

Έχει αγγελική φωνή

και όταν ψάλει ηχούν οι θόλοι

αντιλαλούν οι ουρανοί.

Βάπτισε πολλά παιδιά

μέσα στην ορθοδοξία

και ποθούσε ναν γεμάτη

πάντοτε η εκκλησία.

Έσυρε πολλές φορές του Ησαΐα του χορό

και συνόδεψε ουκ ολίγους εν τόπο χλοερώ.

Με το χαμόγελο του

μας έδινε φτερά

και νόμιζα πως ήτανε

όλα τους μια χαρά.

Και μια Κυριακή ο καλός ποιμήν

μας λέγει αδερφοί αμήν αμήν λέγω υμίν

«φεύγω για το Ληνν»

και τον Ιανουάριο θάχετε τον Μακάριο.

Είναι και τούτος πωγωνάτος

αλλά πιο πολύ σπαθάτος.

Μας έπεσε σαν κεραυνός ερωτηματικά

γιατί μας φεύγει ο παππάς τόσο ξαφνικά.

Σ' ευχόμαστε εκεί που πας

κατανόηση να βρεις

νάσαι σεβαστός παππάς

και ποτέ μην πικραθείς.

Απόψε ήρθαμε πολλοί

σου δίνουμε μια συμβουλή.

Να προσέχεις πως μιλάς

να προσέχεις ποιον φιλάς.

Αν φιλήσεις παντρεμένη

από φιλιά είναι χορτασμένη

αν φιλήσεις πιτσιρίκα

το παίρνει το φιλί για προίκα.

Σύντομα την λειτουργία

γιατί ο κόσμος δεν αντέχει

όπως λέει και η παροιμία

«το γοργόν και χάριν έχει».

Εις τους πάροικους του Ληνν

μετά παρρησίας

λέγω υμίν

δείξτε σεβασμό και αγάπη στον καινούργιο ιερέα

όχι μόνο όταν είναι μπρος στην πύλη την ωραία.

Νάστε πάντα αγαπημένοι

νάστε πάντα ενωμένοι

με τον νέο ιερέα

θα βγείτε όλοι κερδισμένοι.

Ο πατήρ Γεώργης είναι εξαιρετικής ποιότητος

και ο Παύλος λέει η αγάπη

είναι σφραγίδα τελειότητος.

Father George if we ever hurt you

we do regret it

but your love and grace

will forgive and forget.

We respect you,

we respected the priest before you

and we are going to respect the priest after you.

You are in our prayers

good luck, we love you.

December 1997

Είναι φρικτό αν αυτό είναι σωστό
η καμήλα να περνάει από την οπή βελόνης
ου πλούσιος εν παραδείσω
ει μη μονάχα η πόρνη, ο ληστής και ο τελώνης.

Αν αυτό είναι αληθινό
κακά μαντάτα έχω για το Βατικανό.

Ο Χριστός λένε δεν είχε που την κεφαλή ν' αράξει
το Βατικανό δεν έχει που τον πλούτο να συνάξει.

Στο Βατικανό δεν ξέρουν τα πλούτη τί να κάνουν
στην Αφρική τη δύναμη δεν έχουν να πεθάνουν.

Στο Γολγοθά τον Ιησού τον έφαγε ο πόνος
τον κόσμο τώρα κυβερνά η ζήλεια, το μίσος και ο φθόνος.

Δέρμα καμήλας ο Πρόδρομος και ο Χριστός σανδάλια
μας βλέπουν τώρα από ψηλά και κλαίνε για τα χάλια.

Δεν ξέρω τί λέει ο Πάπας, δεν ξέρω που το πάει
στην Rwanda νηστεύει ο δούλος του Θεού
γιατί δεν έχει να φάει.

There is plenty in this world for the needy
unfortunately, there is not enough for the greedy.

Αρκετό το κακό της ημέρας λέει η Αγία Γραφή

και είναι αστείο

Do you know why our eyesight diminishes as we get older?

It is God's providence: so, we will not get scared

when we look in the mirror in the morning. Merry Christmas

Ο ΒΥΡΟΝ ΘΕΟΔΩΡΟΣ ΓΙΝΕΤΑΙ ΕΝΑ ΧΡΟΝΟ!!!

Στα γενεθλια μου ολους σας καλω
και αν ολοι με τιμησητε πολυ εγω θα χαρω

Ηρθα 16 Σεπτεμβρη με την Floyd καταιγιδα
και στο πρωτο σπιτι πηγα
την Παραγιαγια Παναγιω ειδα

Πριν απο ενα χρονο ηρθα σ' αυτο τον κοσμο
η Μαμα μου ειχε ωδινες μα τωρα με λεει φως μου

Βαπτιστικα στο Σικαγο και αν με επισκευθητε
πολυ πολυ εγω θα χαρω, το video θα δητε

Με λενε Βυρον Θεοδωρη
απ' το Μπαμπα και τη Μαμα εχω μεγαλη θαλπωρη

Με λενε Βυρον Θεοδωρακι, και οταν χαμογελω
μοιαζω με λαγουδακι

Εχω εναν Παπου Ιερεα και εναν Ποιητη
ο ενας με ευλογει, και στο Θεο με καθοδηγει
και ο αλλος με ψυχαγωγει

Αλλοι με λενε Βυρονα και αλλοι τους Θεοδωρον
για το Μπαμπα και τη Μαμα εγω ειμαι Θειον Δωρον

Αρχισα να περπατω πηρα τα πρωτα βηματα
ο χαζοπαππους ο Τολιος με γραφει ολο ποιηματα

Νομιζω στα γενεθλια απο κοντα θα λειπει
ο Παππους ο Βυρων και η Γιαγια Ξανθιππη

Θα λειπει και ο Θειος ο Γιωργος και η Θεια Σουλτανα
γιατι θα γινουν παλι μπαμπας και μανα
Μου ειπε ο Μπαμπας μου ο Τελης
ισως ναρθη ο Θειος ο Βαγγελης

Ελατε ολοι σας καλω, θα γινη χαρα τρανη
η Γιαγια Ερατω θα κανει πιττα
και ο Παππους ο Τολιος τα ψηση αρνι
Λυπαμαι που θα λειπει ο Θειος Lance και η Θεια Αγνη

Αυτα ειναι γραμμενα απ' το δικο μου τον Παππου
πολυ πολυ με αγαπαει
Ρωτατε αν τον ακου;
Ε!. . . Πάππου Πάππου, κάπου κάπου. . . .

Η Μαμα μου δικηγορος ο Μπαμπας καθηγητης
και ο χαζοπαππους ο Τολιος ενα ψευτοποιητης

Βαπτίστηκε ο Αλέξανδρος άνοιξαν τα ουράνια

γονείς παππούδες και νουνοί γεμάτοι περηφάνεια.

Φωτίστηκε ο Αλέξανδρος και λάμπει σαν αστέρι

με τη λευκή του τη στολή μοιάζει σαν περιστέρι.

Τρία μυστήρια έλαβε μαζί και κοινωνία

και έφυγε από πάνω του η προπατορική αμαρτία.

Ήρθαν οι Δεσποτάδες

ήρθαν και πολλοί παπάδες.

Ήρθαν συγγενείς και φίλοι μαζί του να γιορτάσουν

και του παππού οι προσευχές στον ουρανό θα φθάσουν.

Αλέξανδρε τόνομα σου Αλέξανδρος Παναγιώτης

πικρά είναι τα γεράματα αχ τι γλυκιά η νιότης.

Η μέρα είναι φωτεινή άνοιξαν οι ουρανοί.

Κατεβαίνουν οι αγγέλοι και χορεύουν τσιφτετέλι

και όταν μπουν στο κέφι όλοι

παν να σκάσουν απ' τη ζήλια οι δαίμονες και οι διαβόλοι.

Αλέξανδρε έχεις συνονόματο το Μέγα τον Αλέξανδρο

το Βασιλιά Σατράπη

μα η καρδιά σου ναναι γεμάτη από αγάπη.

Ο προπάππος σου Βασίλειος Τόλιος έλεγε

ποιος έφαγε και ήπιε γλέντησε

μόνον όποιος αγάπης σκόρπισε

όλο τον κόσμο κέρδισε.

Έγινε η Βάπτισή σου στα μέσα του χειμώνα

και να βρεθούμε όλοι μας και σου τον αρραβώνα.

Και η Νουνά Αναστασία που έχει χάρη τόση

να ζήσει να σε χαίρεται και να σε στεφανώσει.

Αλέξανδρε

Today you are so pure and sinless you look Celestial.

Lydia Rose Καλώς Ήρθες!

Ήρθες στον κόσμο αυτό ημέρα Δευτέρα

και συ σαν την γλυκιά σου μητέρα

είναι ημέρα βροχερή

είσαι πολύ τυχερή

οι γονείς σου σε αγαπάνε οι παππούδες σε λατρεύουν

και όλα τα άλλα τα παιδιά σε κοιτούν και ζηλεύουν

στο σπίτι το δωμάτιο σου λάμπει και τα έπιπλα γυαλίζουν

τα πουλάκια κελαηδούνε, τα φυτά μοσχομυρίζουν.

Παππούδες γίναμε ξανά

θα το μάθει όλη η Ελλάδα, Τρίκαλα και Γρεβενά.

Τα ξαδέρφια σου έδωσαν 300 δολάρια

να συ και συ από μας 300 και δεν κάνουμε παζάρια.

Νυν απολύεις τον δούλο σου Δέσποτα.

Ο παππούς Θεόδωρος Τόλιος

2 Σεπτεμβρίου 2002

Βαπτίστηκε η Lydia
και λάμπει σαν αστέρι
με το λευκό της φόρεμα
μοιάζει σαν περιστέρι.

Βαπτίστηκε η Lydia
ανοίξαν τα ουράνια
γονείς παππούδες και νονοί
γεμάτοι περηφάνεια.

Τρία μυστήρια έλαβε
βάπτισμα χρίσμα κοινωνία
και απηλάχθει δια πάντα
από την προπατορική αμαρτία.

Θα κατέβουν οι Άγγελοι
να χωρέψουν τσιφτετέλι
και αν μπουν στο κέφι όλοι
ή από ζήλια ή χαρά
θα χορέψουν ζεϊμπέκικο
ακόμα και οι διαβόλοι.

Η καλή μας η Lydia
είναι όμορφη κυρία
πάντοτε χαμογελά
δεν μας δίνει φασαρία.

Βαφτίστηκε ο Charls

και λάμπει σαν αστέρι

με το λευκό το φόρεμα

μοιάζει σαν περιστέρι.

Βαφτίστηκε ο Charls

άνοιξαν τα ουράνια

φονείς παππούδες και νουνοί

γεμάτοι περηφάνεια.

Τρία μυστήρια έλαβε

Βάφτισμα-Χρίσμα-Κοινωνία

και απηλλαχθεί για πάντα

από την προπατορική αμαρτία.

Θα κατέβουν οι Άγγελοι

να χορέψουν τσιφτετέλι

και όταν μπουν στο κέφι όλοι

θα χορέψουν και οι διαβόλοι.

Η χαρά μας είναι τρανή

που θα ψήσουμε αρνί.

Είδε ο Πέτρος κάποια μέρα
την γλυκιά μας τη Βασούλα
τούρθε ο ουρανός σφονδύλη
και του φύγανε τα ούλα.

Μπρος στην Παναγιά κλαίει
και με δάκρυα της λέει.

Βοήθα Παναγιά να κάνω
τη Βασούλα μου μνηστή μου
θα την κάνω όλα τα γούστα
ως το τέλος της ζωής μου.

Και η Βάσω όταν είδε τον Πέτρο
χτυπούσε η καρδιά της
φουσκώσανε τα στήθη της
την κόπηκε η μιλιά της.

Τα έφερε όμως ο Θεός
και σμίξαν οι καρδιές τους
και η φλογερή αγάπη τους
έκλεισε τις πληγές τους.

Σήμερα γάμος γίνεται
στου Χρίστου το κουνάκι
θα φάμε και θα πιούμε
και μπύρα και ουζάκι.

Σήμερα που γίνονται τα Άγια στέφανά σας
καλή η ώρα κι' εύχομαι η Παναγιά κοντά σας.

Την ευτυχία συντροφιά και πάντα αγαπημένοι
στο δρόμο να βαδίζετε χαρούμενοι ενωμένοι.

Μέσ' την καρδιά σας πάντοτε η αγάπη να φωλιάζει
και η πίκρα να είναι άγνωστη σε εσάς που σας ταιριάζει.

Άγγελο πάντοτε ο Θεός προστάτη να σας δίνει
στον ίσκιο σας ξεκούραστη να στέκη η καλοσύνη.

Ανθόσπαρτος ο βίος σας στα χείλη να ανθίζει
από χαράς χαμόγελο η καρδιά να πλημμυρίζει.

Γύρω σας μόνο να πετούν πουλιά και πεταλούδες
κι' η πεθεροί και πεθερές να γίνουν καλοί παππούδες.

Στους ευτυχείς κι αγαπητούς γονείς να ευχηθούμε
και σ' άλλα στεφανώματα να συμπαρασταθούνε.

Να αξιώσει ο Θεός να δούνε τα παιδιά τους
ευτυχισμένα όπως ποθούν και θέλει η καρδιά τους.

Να τους χαρίσει ο Θεός με υγεία πολλά χρόνια
να καμαρώσουνε παιδιά εγγόνια δισέγγονα.

Χαρά Θεού είναι σήμερα
ανοίξαν τα ουράνια
κατέβηκε ο Άγγελος
και άγγιξε τα στεφάνια.

Θα κατέβουν οι Αγγέλοι
να χορέψουν τσιφτετέλι.

Και όταν μπουν στο κέφι όλοι
θα χορέψουν ζεϊμπέκικο
ακόμα και οι διαβόλοι.
Παντρεύεται ο Πέτρος
με τη Βασιλική
ήρθα και ο εγώ στο γάμο τους
απ' την Αμερική.

Κάθε ευτυχία εύχομαι στο ταιριαστό ζευγάρι
στην Βάσω και στον Πέτρο με του Θεού τη χάρη.

Σε όσους είναι ανύπανδροι τους δίνω μια ευχή
να βρούνε όλοι το ταίρι τους και εμείς καλή ψυχή.

Αγαπητοί Πέτρε και Βασιλική
σας εύχομαι ευτυχία κατανόηση Σεβασμό
και πάνω από όλα ΑΓΑΠΗ...
ο Απόστολος Παύλος λέει
«Η αγάπη είναι σφραγίς τελειότητας
συνδέει τα πάντα με τέλεια αρμονία».

Και ο χρυσός κανόν μιας ευτυχισμένης
Παντρειάς
"IF YOU ARE WRONG ADMIT IT
and IF YOU ARE RIGHT SHUT UP".

Με μεγάλη αγάπη

Και ο κουμπάρος Νίκος
που δυο κορμιά ενώνει
να είναι πάντα άξιος
και όλο να στεφανώνει.

Όταν ήρθα από την Ελλάδα εγώ και η Ευανθία
πού πάμε πού αφήσαμε τις μάνες
και έλεγε η Ευανθία. Θα έχομε τη θεία
θα τρώμε τυρί και κουραμάνα
και θάχουμε τη θεία Πανάγιω Μάνα.

Η θεία και ο θείος μας δείξανε αγάπη
και κάθε ημέρα αυτοί για μας κάνανε όλο κάτι.

Στα βουνά στη θάλασσα σε κάθε πανηγύρι
ούτε μια φορά δεν μας χάλασαν χατίρι.

Θεία έμεινες μόνη σου από 9 αδέλφια
πέρασες λύπες και χαρές και τόσα άλλα ντέρτια.

Είσαι η πιο μεγάλη είσαι η μόνη ρίζα
θέριζες στάρια στο χωριό φακές ρόβια και βρίζα.

Μια τρύπια δεκάρα ρίχναμε όλοι μας στο παγκάρι
στα καλαμποκαθαρίσματα ντυνόσουν Λουγκατσάρι
έβανες τις φούντες γένια και δεν είχες καμιά έγνοια.

Όχι μόνο εκεί έγινες Λουγκατσάρι και στην Αμερική
στον πασχαλινό χορό ήσουν πρώτη Ντούρα
με την κουμπάρα Δέσπω
Κωνσταντινιά Γκουμπούρα

Σήμερα σε γέλασαν σε είπαν για την Χριστίνα
μα το μυαλό μου τρέχει στο ‘41 την πείνα.

Ψάχναμε για ψίχουλα μπαίναμε στην αράδα
και η μπάμπου μας μας έδινε μια φλέγκα
με ξυνάδα...

Καβάλα στα γουμάρια πηγαίναμε στα σμάρια
να μάσουμε μαντάρια.

Ο θείος Μήτσος έπιανε ορτύκια και τριγώνες
και τα τσουβάλια ήτανε γεμάτα γκαχελώνες.

Μα ένας όμως βιβισνός τον λέγαν νομίζω Στούπα
μας έλεγε είναι νόστιμη από γκαχελώνα η σούπα.

Την έφαγε η μάνα σου και είπε
Πανάγιω ήταν νόστιμη η σούπα ευχαριστώ
και ύστερα η καημένη τρεις μέρες έκανε μετό.

Πρέπει όλοι μας να πούμε τον θείο Κώστα Λάζο ευχαριστώ
αν δεν ήταν αυτός δεν θα ήμασταν κανείς σήμερα εδώ.

Μας έφερε όλους από εκεί
στην ευλογημένη χώρα που λέγεται Αμερική.

Μερικοί την κοροϊδεύουν
Γιατί; Δεν ξέρω μάλλον την ζηλεύουν.

Έφυγες θεία απ' το χωριό πέρασες απ' την Αθήνα
ήρθες στην Αμερική έγινε και σοφερίνα.

Έχεις όμορφο καράκ, είναι άσπρο σαν λαυράκι
κάποιος το τράκαρε και το κανε σμπαράλια
τί έγινε θεία και μου λες άστα χάλια...

Δεν έπαθες τίποτα εσύ
και αυτό είναι ευχάριστο και σηκώνει κρασί.

Έχεις δύο θυγατέρες και οι δυό γεμάτες χάρη
τη ζωή των Γιαννήδων την έκαναν κεχριμπάρι.

Έχεις όμορφα εγγονάκια και δισέγγονα αγγελούδια
και στη γη όπου πατάς φυτρώνουνε λουλούδια.

Ο Θεός μας νουθετεί με λουλούδια και μπουμπούκια
αλλά κάπου κάπου μας δίνει και χαστούκια.

Να μη σε βάλει ο Χάρος στου ντουφεκιού τη μπούκα
μας πήρε άρον άρον το θείο Μήτσο Νούκα.

Και μια μέρα ζοφερή μια μέρα αποφράδα
σε πήρε και την Pamela και σ' έκοψε την ανάσα.

Σε είδα θεία για να κλαις με μάτια βουρκωμένα
και έλεγες Θεέ μου γιατί δεν έπαιρνες εμένα.

Σήμερα είναι και οι δυό μαζί με τα αγγελούδια
σε βλέπουν που είσαι happy και ψάλλουνε τραγούδια.

Θεία είσαι η μεγαλύτερη μας δίνεις και κουράγιο
μη φύγεις γιατί όλοι μας θα γίνουμε ναυάγιο.

Εσύ είσαι ο άνεμος κάτω από τα φτερά μας
μη φύγεις θα μας πέσουνε και θα ρθει η σειρά μας.

Σήμερα γιορτάζεις τα χρόνια 85
και να σε δώσει ο Θεός ακόμη 15.

Η Γεωργία μούπε να γράψω ένα ποίημα
αλλά δεν τα κατάφερα λυπάμαι είναι κρίμα.
Αφήνομε τα αστεία φιλοσοφίες νάματα
και όλοι μας σ' ευχόμαστε
Θεία νάχεις καλά γεράματα.

50 Χρόνια Επέτειος

Πριν από 50 χρόνια δώσαμε το χέρι
και ορκιστήκαμε να γίνει ο ένας του άλλου ταίρι.
Πέρασαν 50 χρόνια στα μαλλιά μας πέσαν χιόνια
είχες μεγάλη φαντασία
να δουλέψουμε σκληρά για την περιουσία.
Είμασταν μπατίρηδες λεφτά δεν είχαμε
μα όμως επετύχαμε.
Ήταν stressful but we are successful
πότε ευχαριστείς τις ώρες
πότε καταιγίδες μπόρες.
Φέραμε στον κόσμο δύο αγγελούδια
για μένα είναι αμάραντα λουλούδια.
Η μία είναι δασκάλα η άλλη δικηγόρος
η προσπάθειά μας ήταν καρποφόρος.
Δεν με νοιάζει τι θα πει ο κόσμος δεν δίνω πεντάρα
τα κορίτσια μας σπούδασαν δεν χρεωστούν δεκάρα.
Μας έδωσαν 4 εγγόνια κελαηδούν σαν χελιδόνια
μας έδωσαν τρανή χαρά και ανοίξαμε φτερά.
Στα 20 χρόνια ακριβώς μας δοκίμασε ο Θεός
το 1983 είχες μεγάλη αγχόνη καρκίνο στο πλεμόνι
ενώ εσύ χαροπάλευες στου πόνου το κρεβάτι
από τον Ιεχωβά ο θείος Κώστας ζητούσε κάτι
από τον Ιεχωβά ζητούσε χατίρι ένα
να πάρει αυτόν και όχι εσένα.
Σε 7 ημέρες εσύ ακόμα στο νοσοκομείο
εχάσαμε το θείο.
Απορώ ήταν άραγε τυχαίο αυτό που συνέβη
ή ο Ιεχωβάς επενέβη
σε όσους είπα την ιστορία μου είπαν

μην μας δίνεις φασαρία
δεν είναι αλήθεια είναι παραμύθια.
Μόνος ένας καθολικός παπάς και μια καλόγρια
είπαν με περηφάνια ο θείος σου είναι στα ουράνια.
Δεν ξέρω τί και πώς τον αγάπησε ο Θεός.
Μετά από 11 χρόνια το ’94 ξαναήρθε ο καρκίνος
καλπάζοντας με τα τέσσερα.
Δεν ήταν μύθος
αυτή την φορά καρκίνος στο δέρμα και στο στήθος.
Ο γιατρός είπε δεν πιστεύω σε θαύματα
αλλά ετούτο είναι κάτι
έχεις άγγελο προστάτη.
Δεν ξέρω τί και πώς εγώ πιστεύω ακράδαντα
ότι υπάρχει Θεός.
Έχεις στο σώμα σου 7 εγχειρήσεις
δεν είχες επιλογή αν και είχες αντιρρήσεις
7 μαχαίρια έφαγε το λατρευτό σου σώμα
απορώ και εξίσταμαι πώς ζεις ακόμα.
Για πολλούς ανθρώπους ο Θεός έκτισε την Άβυσσο
για σένα όμως έκτισε τον Παράδεισο.
Ο Ήλιος έχει ανατολή και δύση
για σένα μοσχοβολάει η γαρδένια σε όλη τη φύση.
Στην τριανταφυλλιά για σένα κελαηδούν τα αηδόνια
για σένα κάθε άνοιξη έρχονται τα χελιδόνια.
Για σένα κάθε άνοιξη πρασινίζουν τα χορτάρια
για σε’ του Μάη η δροσιά πλέκει μαργαριτάρια.

Για σένα ανθίζουν τα κλαδιά

για σένα τα λουλούδια

για σένα όλοι οι ποιητές γράφουνε τα τραγούδια

και σου έφερα αγάπη μου μια αγκαλιά λουλούδια.

Αυτά που γράφω τα πιστεύω

δεν σε αγαπώ σε λατρεύω.

Όπως φεύγουν τα χελιδόνια

πέρασαν 57 χρόνια

όποιος δεν αγαπήσει

δε ξέρει να ζήσει.

Χωρίς αγάπη η κοινωνία

δεν έχει νόημα, δεν έχει αξία.

Βάλε μπρος και πάρε φόρα

χέρι-χέρι μαζί να ξεπεράσουμε της ζωής την ανηφόρα.

Το Θεό παρακαλώ, μάλλον Τον ικετεύω

να με δώσει πολλά χρόνια να ζω να σε λατρεύω.

Happy anniversary

17 Αυγούστου 2020

Θεόδωρος

Ο Τσίπρας έβαλε το νερό στο αυλάκι
και κοιμόταν σαν αρνάκι
όταν ξύπνησε ξαφνιάστηκε
που είδε στην εξουσία τον Μητσοτάκη.

Δεν ήταν όπως πρώτα του ήρθε ο ουρανός σφοντύλι
και του αλλάξανε τα φώτα.

Όταν βγήκε ο Τσίπρας είπε θα σχίσω τα μνημόνια
θα διώξω από την Ελλάδα όλα τα δαιμόνια.

Θα πάω στην Ευρώπη χωρίς δέος
και θα ελαττώσω το χρέος.

Το χρέος δεν κατέβηκε υπάρχουν τεκμήρια
χρέωσε την Ελλάδα άλλα 28 δισεκατομμύρια.

Δεν έκανε δημοψήφισμα για το Μακεδονικό
και του βγήκε σε κακό.

Είπε ο Τσίπρας τον Μητσοτάκη
Ο πατέρας έγινε πρωθυπουργός πολύ γέρος
εσύ δε θα γίνεις πρωθυπουργός ούτε νέος ούτε γέρος.

Ειπώθηκαν τόσα και άλλα τόσα
και τώρα ο Τσίπρας δαγκώνει την γλώσσα.

Ο Μητσοτάκης ήθελε εκλογές
για να γίνουν αλλαγές.
Άλλαξε ο Μανωλιός και έβαλε την κάπα αλλιώς.

Ρίχτηκε στον αγώνα με μεγάλη βουλημία
αλλά βρήκε άδεια τα ταμεία.

Λέει στο λαό ο Μητσοτάκης
συγνώμη δεν μπορώ να ανεβάσω τις συντάξεις
δεν υπάρχουν παράδες
μπείτε όλοι στον χωρό θα σας ψάλλω μαντινάδες.

Μην πει κακό ο άνθρωπος ποτέ για τη γυναίκα
Θεός την έπλασε και αυτή Θεός την επελέκα
και εκεί που την πελέκαγε και έκανε το κορμί της
του έφυγε μια τσεκουριά και έκαμε
τον ουρανό με τα άστρα.

Για αυτή την τσεκουριά τα κορόϊδα οι άντρες
σκοτώνονται και γκρεμίζουν κάστρα.

Ρωτάει ο λαός θα μας κυβερνήσει καλά ο Μητσοτάκης:
θα το δείξει.

Αν δεν μπορέσει να μας κυβερνήσει
θα μας κάνει όπως και οι άλλοι
θα μας πηδήξει.

Μια είναι η ουσία στην Ελλάδα
δεν υπάρχει διπλωματία.

Ουρλιάζουν όλοι στην Βουλή δεν είναι διπλωμάτες
και ο λαός τους ρίχνει κούφια αυγά και σάπιες ντομάτες.

Ρωτούν οι Έλληνες στην Αμερική τα πολιτικά
θα είναι ωραία – λάθος
εδώ ο πρόεδρος είναι γάϊδαρος με περικεφαλαία.

Βγάλαμε τον Τραμπ και νομίσαμε θα κάνει μπαμ
πήρε ψηλά τον αμανέ πολύ ψηλά την μύτη
σε 4 ακόμα χρόνια θα καταστρέψει τον πλανήτη.

Τα πολιτικά και στην Ελλάδα και στην Αμερική
είναι χέσε μέσα στο βρακί.

Άνοιξαν οι ασκοί του Αιόλου
και όλος ο κόσμος θα πάει κατά διαβόλου.

Κανείς στη γη δεν ζει αιώνια
αλλά διερωτώμαι τι θα γίνουν τα εγγόνια.

Η περιουσία μου

Ένα αυτοκίνητο βενζινοφάγο
ένα ψυγείο γεμάτο πάγο
ένα φωνόγραφο που ο δίσκος παίζει
έξι καρέκλες και ένα τραπέζι.

Μια τηλεόραση και ένα κρεβάτι
μια θερμάστρα που αξίζει κάτι
ένα ράδιο πολύ θορυβώδες
και έναν τόμο στοίχους βλακώδεις.

Ένας λόφος στην Αθήνα ονομάζονταν «Λόφος του Άρη»

Ονομάστηκε έτσι επειδή κατά την μυθολογία
εκεί δίκασαν οι θεοί τον Άρη (ο θεός του πολέμου)
αφού σκότωσε το γιό του Ποσειδώνα, Αλιρρόθιο.

Στον λόφο αυτό συνεδρίαζε στην αρχαία Αθήνα
το ανώτατο δικαστήριο, ο λεγόμενος Άρειος Πάγος
το όνομα του θεού Άρη, ήταν πολύ δημοφιλές
και από αυτό προήλθαν τα χαϊδευτικά ονόματα
Αριστείδης, Αριστόβουλος, Αριστοτέλης, Αριστέα και άλλα.

Παγκόσμιος Ιστορία Πολιτισμού

Πως πήραν το όνομα οι Έλληνες

Το 1550 π.Χ. για την αδικία που έβλεπε ο Δίας
στο κόσμο οργίστηκε.
Προκάλεσε στη Γη πλημμύρα βιβλικής διάστασης
από την πλημμύρα γλίτωσε μόνο ο Δευκαλέων
με τη γυναίκα του την Πύρρα σε μια κιβωτό που άραξε επάνω
στο όρος Παρνασσός.

Απέκτησαν ένα αγόρι και το ονόμασαν ΈΛΛΗΝ (ΈΛΛΗΝΑ)
από εκεί πήραν το όνομα Έλληνες.

Οι Αχαιοί και οι Ίωνες είχαν παππού τον Έλληνα
μια άλλη εκδοχή είναι ότι οι κάτοικοι της Δωδώνης
ονομάζονταν Έλληνες.
Κατά τη Ρωμαϊκή περίοδο πήραν το όνομα Ρωμιοί
και τη Βυζαντινή περίοδο πήραν το όνομα Γραικοί.

«Εγώ Γραικός γεννήθηκα, Γραικός θε να πεθάνω».

Παγκόσμιος Ιστορία Πολιτισμού

Άγιος Άνθρωπος Εν Γη

Ήταν κάποτε στη Γη ένας άνθρωπος Θεοφοβούμενος, Φιλόθεος, Αγαθός, Εύσπλαχνος, Τίμιος, Αγαθοεργός, Τέλειος Άγιος.

Ο Θεός τον αγάπησε και του είπε: Θέλω να κάνω κάτι για σένα προτού πεθάνεις, γιατί είσαι άγιος στη Γη.

Αυτός ο καλός άνθρωπος λέει στο Θεό: Αφού επιμένεις θα το δεχτώ. Φοβάμαι τη θάλασσα και τα αεροπλάνα. Θέλω να κάνεις μια γέφυρα από τη Βοστώνη ως την Ευρώπη.

Θεός: Είναι πολύ εύκολό, αλλά θα χρειαστώ τα 2/3 της ξυλείας της Γης, θα καταστρέψουμε τη Γη. Ζήτησε μου κάτι άλλο πιο απλό.

Ο καλός άνθρωπος: Είμαι παντρεμένος 10 χρόνια και δεν καταλαβαίνω τη γυναίκα μου. Πες μου Θεέ μου τι θέλουν οι γυναίκες;

Ο Θεός: Θέλεις τη γέφυρα με δύο λωρίδες ή με τέσσερις λωρίδες.

Επίσκεψις στο Όρος Σινά

Ένας ταλαίπωρος βασανισμένος άνθρωπος, ανέβηκε στο Όρος Σινά να μιλήσει το Θεό πρόσωπο με πρόσωπο.

Μόλις τον είδε ο Θεός του λέει: Τί θέλει εδώ πάνω παιδί μου;

Ο Ανθρωπάκος: Προσεύχομαι κάθε μέρα αλλά τόσα εκατομμύρια προσευχές που γίνονται, ποιον να πρωτακούσεις; Ήρθα σαν τον Μωυσή να μιλήσουμε πρόσωπο με πρόσωπο.

Θεός: Λέγε παιδία μου.

Ανθρωπάκος: Είμαι παντρεμένος 20 χρόνια και δεν καταλαβαίνω τη γυναίκα μου. Πες μου Θεούλη μου τι θέλουν οι γυναίκες;

Θεός: Αχ παιδάκι μου, αν ήξερα εγώ τί θέλουν οι γυναίκες θα καθόμουν εδώ πάνω ανύπαντρος και μόνος μου τόσα δισεκατομμύρια χρόνια;

Ιερέας στα Άγραφα επί Τουρκοκρατίας

Κατά τη διάρκεια της Τουρκοκρατίας επάνω στα Άγραφα δεν είχαν ιερέα και είχαν ξεχάσει τα πάντα περί θρησκείας.

Όταν ήλθε ένας ιερέας άρχισε να διδάσκει τις δέκα εντολές. Κάλεσε τους άντρες σε ένα δωμάτιο και τις γυναίκες ξεχωριστά σε άλλο δωμάτιο και τους είπε να τηρήσουν μία μία τις εντολές και άρχισε:

- « Ου κλέψεις»

Μετά από μια εβδομάδα ρώτησε τους άντρες εάν παραβίασε κανείς την εντολή, και αυτοί απάντησαν όχι. Στην ίδια ερώτηση και οι γυναίκες απαντήσαν όχι. Μετά ο ιερέας συνέχισε:

- « Ου φονεύσεις» , « Ου ψευδομαρτυρήσεις» κτλ.

Τέλος έφτασε στην έβδομη εντολή: «Ου μοιχεύσεις».

Στο τέλος της εβδομάδας ρώτησε εάν παραβίασε κανείς την εντολή. Οι άντρες είπαν όχι. Μία από τις γυναίκες, η κυρά Φροσύνη 85 ετών, λέει πάτερ εγώ παραβίασα την εντολή. Ο ιερεύς ρωτάει πώς το έκανες κυρά Φροσύνη; Να πάτερ κρατήθηκα Κυριακή, Δευτέρα, Τρίτη, δεν άντεχα άλλο, φούσκωσα και αμάρτησα. Τί έκανες κυρά Φροσύνα; Είπες « Ου μη χέσεις» επί μια εβδομάδα.

Παρερμηνεία Προφητείας

Μία γυναίκα έχασε τον άντρα της και μετά από μία εβδομάδα πήγε στο νεκροταφείο με μία φιλενάδα, έβγαλε το βρακί της και κάθισε επάνω στη πέτρα. Η φιλενάδα της ρωτάει, τί κάνεις εκεί; Και αυτή λέει θέλω να δω εάν η προφητεία του άντρα μου αληθεύει. Δηλαδή τί είναι αυτό; Να μια μέρα ο μακαρίτης έλεγε: «Ε! Ρε γυναίκα, ο κώλος σου ανασταίνει και πεθαμένους».

Αμερικανική Αναρχία

Εκεί που γεννήθηκε ο Αβραάμ στην πόλη Ούρ
οι Αμερικανοί την έκαμαν αχούρ
στη Μεσοποταμία που ήταν ο Παράδεισος
σήμερα έγινε άβυσσος.

Και είπε ο George Bush ξέκανα τον Sadam Housein
και η Ειρήνη ήδη ήβρα
little did he know the poor man
he was waking up τη Λερναία Ύδρα.

Χάσαμε την Λιβύη, Συρία, Αίγυπτο, Υμένη
τίποτα πια δεν μένει.

Ο George Bush και ο Obama Barack
προκάλεσαν εμφύλιο στ' Αφγανιστάν και Ιράκ.

Οι απόγονοι του Ισμαήλ θέλουν να σβήσουν
από τον χάρτη το κράτος του Ισραήλ.

Για την γκάφα των Αμερικανών
σε όλο τον κόσμο ομιλούν
Ρωσία, Κίνα και Ιράν κάθονται και γελούν.

Η ISIS φουντώνει και όλο δυναμώνει
και ο Sadam Housein στον τάφο του γελάει και
καμαρώνει
και η Αμερική το φυσάει και δεν κρυώνει.

Η ISIS και η Al-quida τα δύο τρανά γκαφάλια
άλλους τους καίνε ζωντανούς
και άλλους τους κόβουν τα κεφάλια
κ' εδώ στην Αμερική τα πράγματα είναι χάλια.

Δεν μπορούν να βρουν solution και κλωτσούν το
constitution
σατράπης ο Obama τους λαθρομετανάστες
νομιμοποιεί
και το άτακτο κογκρέσο με το Ισραήλ συνομιλεί.

Κ' εμείς οι αφελείς απέξω
κοιτάμε το Washington και λέμε
χέσε μέσα κ' έβγα έξω.

Λένε πως η Hillary Clinton όλα θα τα διορθώσει
μα και αυτή είναι μία απ' αυτούς
και θα μας τα σκατώσει.

Ρίχνει ο Πλάστης μια ματιά στην πλάση
δεν ξέρει τί να κάνει να κλάψει ή να γελάσει.

Βλέπει τα χάλια εδώ στη γη ετούτον τον αιώνα και
λέει
α! η γηγενείς είναι έτοιμοι για τον Αρμαγεδδώνα
και το μαράζι μέσα μας φωλιάζει.

Ό,τι και αν κάνει ο άνθρωπος όσο κ' αν παλεύει
άλλαι οι βουλαί ανθρώπων και άλλα ο Θεός
κελεύει.

Ήρθαν τα γεράματα θα σβήσει το καντήλι

σα χελιδόνι η ψυχή θα φύγει απ’ τα χείλη.

Εγώ και η Ερατώ πιασμένοι χέρι-χέρι με βήμα αργό-αργό

θα πάμε να συναντήσουμε και εμείς τον Δημιουργό.